ゼムパーからフィードラーへ

ゴットフリート・ゼムパー
コンラート・フィードラー
河田智成 編訳

中央公論美術出版

Die vier Elemente der Baukunst
by
Gottfried Semper

Bemerkungen über Wesen und Geschichte der Baukunst
by
Konrad Fiedler

Japanese translation and Commentary by
Tomonari Kawata
Published 2016 in Japan
by Chuo-Koron Bijutsu Shuppan Co.,Ltd
ISBN978-4-8055-0760-5

ゼムパーからフィードラーへ

ゴットフリート・ゼムパー
建築芸術の四要素
——比較建築学への寄与——
1851

コンラート・フィードラー
建築芸術の本質と歴史
1878

目　　次

建築芸術の四要素―比較建築学への寄与― … 5
ゴットフリート・ゼムパー

Ⅰ. 概観 …………………………………… 7
Ⅱ. ピュティア …………………………… 17
Ⅲ. 化学的証拠 …………………………… 33
Ⅳ. 推論以上のもの ……………………… 47
Ⅴ. 四つの要素 …………………………… 51
Ⅵ. 応用 …………………………………… 96
　　原註 …………………………………… 101
　　訳註 …………………………………… 121

建築芸術の本質と歴史 …………………… 141
コンラート・フィードラー

Ⅰ. ………………………………………… 149
Ⅱ. ………………………………………… 161
Ⅲ. ………………………………………… 174
　　訳註 …………………………………… 185

解説 ………………………………………… 203
　　あとがき ……………………………… 253
　　索引 …………………………………… 254

凡例

1. 本書は、Gottfried Semper, *Die vier Elemente der Baukunst: Ein Beitrag zur vergleichenden Baukunde*, Vieweg und Sohn, Braunschweig, 1851 と Konrad Fiedler, "Bemerkungen über Wesen und Geschichte der Baukunst" in *Deutsche Rundschau*, XV, 1878, S.361-383 の全訳である。
2. 原註はゴシックの数字によって、訳註は（　）内の数字によって、語句の右肩に示した。
3. 原文の隔字体による強調は太字体に替えて示した。
4. 原文にあるギリシア語およびラテン語のほとんどはそのまま残し、必要に応じて、後に / または：をはさんで、日本語で意味を付記するなどした。まれに、ドイツ語などの語句についても、同様に表記したところがある。
5. 本文および原註における［　］内は、特に断らない限り、捕足や注記として訳者が挿入したものである。
6. 訳註および解説における下記文献への参照は、次の文献略記号と頁数によって、［　］内に示した。
SS1：Gottfried Semper, *Der Stil in den technischen und tektonischen Künsten oder praktische Ästhetik: Ein Handbuch für Techniker, Künstler und Kunstfreunde*, Bd.1, Verlag für Kunst und Wissenschaft, Frankfurt a. M., 1860.
SS2：Gottfried Semper, *Der Stil in den technischen und tektonischen Künsten oder praktische Ästhetik: Ein Handbuch für Techniker, Künstler und Kunstfreunde*, Bd. 2, Friedrich Bruckmann, München, 1863.
FS1：Konrad Fiedler, *Schriften zur Kunst* I, Hrsg. von Gottfried Boehm, Wilhelm Fink Verlag, München, 2. Aufl. 1991.
FS2：Konrad Fiedler, *Schriften zur Kunst* II, Hrsg. von Gottfried Boehm, Wilhelm Fink Verlag, München, 2. Aufl. 1991.
7. 原註における〈　〉内は、Gottfried Semper, *The Four Elements of Architecture and Other Writings*, tr. by Harry Francis Mallgrave & Wolfgang Herrmann, Cambridge University Press, Cambridge, 1989, pp.74-129 所収の英語訳の訳者マルグレイヴによって挿入された注記である。また、訳註末尾に付した〈　〉内の数字は、その訳註に対応する英語訳訳註の番号である。
8. 原著にない挿図（59, 63, 73 頁）は、*Ibid*, pp.105, 108, 114 から補ったものである。

ゴットフリート・ゼムパー

建築芸術の四要素
―― 比較建築学への寄与 ――
1851

ドレスデンの気高い友人
校長フリードリッヒ・クラウゼ氏に捧げる[1]

Ⅰ. 概観

　オリュムポスのユピテルに関するカトルメール・ド・カンシーの広く知られた著作は[2]、芸術分野の文献における最も重要な出版物のひとつであり、世紀の偉業であった。この著作が、主にギリシア芸術の本質に基づきながら初めて証明したことは、ギリシアの記念建造物において、それもその最盛期の主要作品において、3つの造形芸術が、より技術的な諸芸術の助けを借りながら、互いの境界を越えて融合するほど、親密に結びついて作用していたということである。

　これによって確かに、ギリシア芸術に対する見方はより正しい方向におおいに進んだが、同時に、その全体を見通し理解することも同じくらい難しくなった。我々は都合の好い枠組み(シェマ)を想定して、この芸術を理解していたのである。その枠組みは、それを踏まえて制作されたより新しい重要な芸術作品によって、ある種の独立した存在理由を獲得していた。

　今や無効となったこうした観念は、古代彫刻の神々しい「無垢(vergine)」[3]とルネサンスの天才とによって、真正さを刻印されたものと思われる。その影響は絶大であったため、学者と芸術家の大多数はカンシーが提起した問題にずっと無関心なままであった。そうでないとしても、考え得るあらゆる条件と制限とを付けてほんの僅かなことしか認めなかった。この件は、ただ若々しい精神の持ち主のあいだでのみ反響を呼んだのである。

問題となったのは、新生ギリシアの外国支配に対する蜂起に呼応して、諸国民が一時的にギリシア精神への熱狂にかられたときであった[4]。このギリシア熱はドイツにおいて著しく、最高位の身分に属するパトロン達に至るまで、その興奮をともにしていた。それはさらにイギリスやフランスにも拡がった。そして、国民の精神が高揚するときにはいつもそうであるが、とりわけ諸芸術の研究と育成とによい結果をもたらし、ギリシア芸術のポリクロミーに対する新しい見方を広めるのに、まったく時宜を得たものとなった。

　こうしたおり、イットルフがセリヌスの記念建造物に施されていたポリクロミーを復元して[5]、古代遺物を扱う学会全体を騒然とさせ、重要な論争の引き金となった。この論争は、主要な問題を何ひとつ解決しなかったが、古文書のなかに散在するポリクロミーに関わる記述を集成し[1]、それにあらゆる面から批判的な検証を加えることによって、学問的に重要な貢献をした。

　この論争のあいだに、ギリシアとイタリアにおいて精力的な調査が行われ、夥しい出版物が発表された。それらは古代ポリクロミーの解明に対して興味深い貢献をしたが、それでもなおイットルフ氏による神殿復元案は、それが与えてくれる全体的見通しのゆえに、ギリシア芸術に対する新しい見方を広く普及させるものとして、依然最も重要なものだった[6]。

　そのころ筆者も、イタリア、シチリア、ギリシアをめぐる調査旅行から戻って[7]、エトルリア、ギリシア、ローマにおける

ゼムパー　建築芸術の四要素

ポリクロミーを示す何枚かの彩色図面を、芸術家や学者達のいくつかのサークルで示した。そこにはアテネのアクロポリスにおけるポリクロミーの復元も含まれていた。それらの図面は、筆者がジュール・グーリーと一部共同で行った古代遺跡調査の成果であった。グーリーは忘れ得ぬ旅の同僚であり友人であったが、その早過ぎる死が、彼を、家族や仲間、世界、そして芸術から奪い去ってしまった[2(8)]。

　我々は調査中、学者達のあいだで当時この問題がいかなる発展経過をたどったのかを知らなかったし、そもそもあらゆる外部の影響から無縁であった。それゆえか、帰国後間もなく1834年に小冊子として公表した、この調査の大まかな成果を載せた覚書が[(9)]、この論争にある種の予期せぬ転換をもたらすことになった。

　そもそも、この大急ぎで書き上げた冊子は、ポリクロミーを施された建築を扱う著作の予告として目論まれたものだった。この著作は3巻からなり、ギリシア、エトルリア・ローマ、そして、中世の芸術を含むはずだった[(10)]。

　第1巻の出版準備が完了し、その内容の一部が見本刷りの状態で公設ならびに私設の図書館に置かれているものの、この著作は刊行されなかった。外的な理由と内的な動機があれこれと重なって、刊行作業を進める気を失ってしまったのである。

　外的理由を列挙しても一般の関心を引くことにはならないだろうが、内的動機についてそれを手短に述べることは、論題から逸れることもないので、釈明のために許されてよいだろう。

まず、予告した著作の構想が適切ではなかった。あらゆる時代と国々のポリクロミーを含むくらいにより包括的に捉えるか、または、もっと限定された範囲内で議論を展開する必要があった。

　しかし、より包括的な構想に従って作業に取りかかるには、そもそも必要な資料がいまだに揃っていないようであったし、これまでのように援助者なしでは、手もとにある資料を満足な仕方で使いこなすだけでも、自らの能力、時間、資金に不足があると確信してもいた。

　それで、アテネの古代遺物を対象とした図面を報告することと、古代ポリクロミーの解明に幾らか寄与することだけに範囲を限定しようとした。しかし、そこに示される古代に対する見方は、それまでのポリクロミー理解とほとんど一致しないもので、ほかの時代や民族の作品を含んだ歴史的脈絡のなかに置かれてはじめて、単なる空想の産物以上の何かとして理解できるものだった。

　学者や識者による批判よりも、むしろ熱狂的支持者による誤解を恐れた。実際、ドイツにおける最初のポリクロミーの試みは出版企画を進める励みになるようなものではなく、出版が時宜を得たものになるかどうか疑いはじめた。私はその試みにぞっとして[3]、以来、古代ポリクロミーを応用するあらゆる試みを断念し、装飾する際には、事情が許す場合に有色の材料を使用することとあわせて、現代の絵画の考え方に最も合致するものとして、むしろより古い時代のイタリア人の伝統に従うこ

とにしたのだった[11]。

　幸いにもギリシア贔屓の熱狂は速やかに冷め、ギリシアのポリクロミーは中世のそれに席を譲らねばならなかった。

　ドイツでこの流れのきっかけとなったのは、何よりもバンベルク大聖堂の復原であったと思われる。そこで再び、古いロマネスク装飾と、彫像や薄肉彫りに施された夥しい着色の痕跡を目の当たりにしたのである[12]。この時期の芸術に関して、特にイタリアでは、復原のよりどころに欠けることはなかったので、この様式でこれまでに行われたポリクロミーの試みは、ギリシア様式でのような最悪の結果にはならなかった。しかし、そこにも期待できる未来はなかった。というのも、この様式に特徴的なものを、そこに内在する普遍性をもった偉大な諸原理にではなく、それが粗く堅固であることに見ていたからである。

　一方、ゴシックのポリクロミーに関しては、それに取り組む歴史家がとりわけフランスに現れた。そこでは最近、多くのゴシック教会堂が復原され、建築家によるロマン派が形成されている。この国民特有の巧みさで様々なロマネスクとゴシックの教会堂におけるポリクロミーの復原が成し遂げられたが、なかでもサント・シャペルは、眼前の痕跡が示すポリクロミーのシステムの完全さと豊かさによって際立っている[13]。

　こうして、著作出版の時機は過ぎ去り、若々しい熱意も失せ、意気消沈して傍観することになったのだ。

　立像になり果てていたプロメテウスの創造物は、本来なら

あのころに、現代の歓喜の声に目覚め、多彩な輝きを纏って、その台座から我々のもとに降りて来なければならなかったのだ[14]。しかし、その輝かしい姿は、忌まわしい戯画の中に失われてしまった！　利口な者でも、おめでたい大衆に囲まれていれば、目を閉じてその幻を否定してしまう。そして、古美術陳列室の触知可能な真白い彫像へと立ち返る。彼には、その美しさを解剖学的に分析し、美学的に説明できるのである。彼は紳士淑女を前にして、ギリシア人が彫塑に長けた民族であったこと、そしてなぜそう言えるのかを証明し、そのついでに、ヘレネーの衣の裾が色彩豊かであったことを付け加えるのである。

　誠実な者は、豊かな色彩が美しく調和するのを、虚しく待ち焦がれている。彼にはあの過去の観念に戻ることなどできない。この観念が、芸術から生活を切り離し、非調和的で非芸術的な我々の時代において、芸術を少なくともある種の特別な存在としたのである。

　他方でまた、誠実な者は、この先、謎解きを目にすることも諦めなければならない。その謎とは、ギリシアでは、あらゆる造形芸術の合流が、いかにして成し遂げられたのか、それも、芸術の姉妹である装飾を奪われた剥き出しの断片ひとつひとつに認められる高度の完全性と矛盾せずに、いかにして成し遂げられたのかという謎であり、またその際に、個々の断片が、自立した美によって根拠づけられるその価値を、いかにして保つことができたのかという謎である。

　ギリシア以外の記念建造物(バルバロイ)においては、すべてが分かり易い。

そこでは、自立していない個々の部分が全体理念のなかに昇華することで、調和が達成される。それはそのポリクロミーに現れており、今なお見て取ることができる。しかしギリシアの場合、この調和は、同格の要素の限定的自由に基づく共同作用によってのみ、つまり、芸術における民主主義を通してのみ、生じ得るものだった。いったい誰が、この謎を解く鍵を与えてくれるのだろうか[4]。

　しかし、この鍵を手に入れたとしても、古代ギリシア芸術は依然として未知のままである！　悲劇から分離独立してしまった合唱隊を、冥界の神オルクスのもとから再び召集できるだろうか。ギリシア悲劇においては、あらゆる芸術、そして、古代ギリシアの大地と海と天空、さらに、民衆自らそろって、ひとつの上演を崇高なものとするために、一体となって作用していたのだ。

　こうして、すべてはなお得体の知れない幻影にとどまるしかないのである。我々民族の生活が、調和のとれた芸術作品として、短期間に終わった盛期ギリシアのそれに類似しながら、それより少しでも豊かに形態化されるまでは。

　そのときすべての謎が解ける！　しかし、その可能性に思いを寄せた者がいったいどこにいるだろうか！

　大陸において、記念建造物のポリクロミーに関する問題が、夥しい数の書物を通じて議論されるだけでなく、実践的な成果を挙げていたあいだにも、イギリスでは、この問題はほとんどまったく無視され続けた。このことはたいへん奇異に感じられ

る。というのも、それに関する最初の重要な覚書が、イギリス人旅行者によって出されていたからであり、また、ギリシアの白大理石神殿全面を覆う彩色の事実でさえ、すでに今や30年も前にイギリス人建築家によって確認されていたからである。近年のロマン派の興隆に応じて、イギリスでは何百という手の込んだゴシック教会堂が誕生したが、それでもロマネスク・ゴシックのポリクロミーを適用しなかった。その理由はおそらく、イギリスで支配的な宗教事情から説明できる。

　オーウェン・ジョーンズ氏のアルハンブラを取り上げた見事な著作によって初めて[15]、ポリクロミーはイギリス人たちの共感を得たようだ。そして、イギリス人はいったん採った方向を勇敢に突き詰めることから、ポリクロミーもそこで近いうちに大々的な仕方で適用され、さらには非常に懸念されるように、ひどく行き過ぎたものになりそうである。

　このような流れの有能なリーダーとなっているのは、調査旅行から戻ったばかりの若い建築家の一派であり、彼らが持ち帰った下絵のなかには、ポリクロミーの歴史解明における貢献として、最重要のものが含まれている。ポリクロミーをめぐる問題が目下どこにあるかということに対する、彼らの正確な感覚と賢明な評価を示すしるしとなっているのは、かつて古典文化の中心にあった国々でキリスト教のはじめの数世紀に制作されたポリクロミー作品と細密画に、彼らが特別な関心を払っているということである[5]。

　古代史と近世史のあいだの領域は、生命を失いながらも破壊

されずにいた古代の諸形式から、芸術の不死鳥が新たに舞い上がった時代である。そこでミイラのように伝統を保存していたものから、かつての生きた状態を推論するなら、根拠のある結論に導かれるに違いない。

また同時に、数世紀にわたって途絶えていた芸術実践を、次の時代へと再び受け継ぐための糸口を見出せるかもしれない。

そういうわけで、学界と芸術界はこれらの美しいコレクションの早期刊行を大いに待望しており、さらに現状では、以前にもまして多くの読者がこの問題に関与することも期待できるのである。

ここでの関心事にとってこれに劣らず重要なのは、アッシリアに関する広く知られた発見であり、その成果は現在、2つの見事な著作のなかで公開され、さらにその一部をヨーロッパの2つの首都で実際に目にすることができる[16]。

同様に、フランダン氏とコスト氏の重要な著作、ならびに、テクシエ氏の旅行記によってもたらされた、ペルシアの記念建造物に関するより詳細な知識[17]、また特に、小アジアでの最新の諸発見が、古代芸術とその全般的歴史に対する、またそのポリクロミーに関わる個別的歴史に対する、これまでの観念を拡大し修正することに大きく寄与した。

古代遺物調査の宝の山であるエジプトの記念建造物も、近ごろずいぶんと理解し易くなり、もはや以前のように孤立してはいない。

徹底的に調査されたアテネの記念建造物でさえ、新しい調査

の対象となって、非常に重要な発見が加えられ、従来の報告は訂正された。ペンローズ氏は、建築的に主要な線が垂直と水平から外れていることを、最近そこで発見したのである。新たなポリクロミーのディテールやアクロポリスの彩色復元をも含む、この綿密な研究の刊行が待たれている[6(18)]。

予告されているイットルフ氏の新しい著作が、ポリクロミー関係の文献における最も重要な出版物となることは間違いない。それは、美しく彩色されたリトグラフによってポリクロミーの歴史を概観し、彼自身による神殿復元の修正案を、その根拠となるモチーフを念入りに挙げながら示すものになるだろう[(19)]。

その著作に付されるテクストはとりわけ興味深いものになりそうであり、著者の広く知られた才能と経験、学識に相応しい仕方でこの問題を論じてくれるであろう。

こうして、カトルメール・ド・カンシーによって提起されてから40年を経て、この問題は新しい段階に入った。

ギリシアのポリクロミーはもはや孤立した現象でも空想の産物でもなく、大衆の感情、つまり、芸術に色彩を用いようという広汎な欲求に適うものになっている。この新たな動きのなかで、ギリシアのポリクロミーは、それを支持する有力な意見によって、時宜を得て認められるようになるだろう。

この問題をめぐる重要な出版が迫っているときに、(ほかの問題にも関連する)この小著を公にするわけだが、もしこれが学問と芸術に何ら益することがなかったとしても、多少傷つくことになるのはせいぜいこの私だけであると考えれば安心でき

る。この書物の主目的は、白大理石神殿に彩色を施すという習慣が、ギリシア最良の時代に最も広範囲にわたって行われていたということを、反対意見に抗して証明することにある。あわせて、このテーマが孕む様々な新しい側面を見出すことで、この基本的に不遜なタイトルについて、正当化はできないにしても、せめて申し開きをすることはできるかもしれない。

II. ピュティア[20]

1834年に出版した小冊子『古代人の建築・彫刻作品における色彩使用に関する覚書』の功績とは[21]、少なくとも、古代人のポリクロミーとその限界について論じたクーグラーの著書に対する直接の刺激となって、その主要な題材まで提供したことにある[22]。

彼の著書ほとんどすべての頁において、私は、古代に対して純粋な好みを持ちそれを正確に理解しようとする試みを執拗に反駁する、極端な意見の代表者として扱われ、言葉と図面とを頻繁に引用されている。

こうしたことから、私が予告していた著作の出版と、そこに含まれるであろうクーグラーの論考に対する反論を人々は待ち受けていたが、それは実現しなかった。

出版に関する何もかもが疎ましくなってしまった理由については、すでに述べておいた。

それから年を経るあいだに、この問題はより実際的になり、

今や新たな関心を喚起しているところである。

　したがって、確かに少し遅れたもののまだ十分に間に合うので、ここでクーグラーによる非難に対して、彼の考え方とその動機を批判しながら、自分の考え方を手短に擁護しておきたい。

　クーグラー氏は、序論において（いつものように）、その中間に真実があるに違いないような両極端の主張を互いに対立させ、それを、当時若い芸術家たちが私の図面に寄せていた称賛に対する苦言で結んでいる。

　「確かに、最初の表面的な印象では、古代ギリシアの感性や習慣、自然が、現代の形式も色彩も持たない北方といかなる関係にあるのかを、また、それに生気を与えるためにより強力な手段を必要としているのがどちらなのかを、それはまさに後者なのだが、それらを十分に識別できなかったかもしれない。」[23]

　ここでクーグラー氏が言わんとしていることは、鮮やかな色彩の変化は、現代の北方にはよく調和するが、古代の南方には相応しくないということであるらしい。これは、自然のなかに認められるものにも、この地上の様々な民族の衣装、装飾、建築物などに観察されるものにも、ことごとく矛盾している。

　南方では、強烈な太陽光があらゆるものを眩しいサフラン色の輝きで覆っており、影の部分や暗色の部分でさえ、深くほとんど漆黒とも言える空を背景に明るく浮かび上がる。

　この金色の輝きに覆われて、色彩環上のあらゆる色調は完全な飽和状態のなかでひとつになる[24]。そして、白およびすべての明るい色調は目を眩ませるほどになる。それゆえに、（南

方では）砂漠、つまり死者の国においてのみ、白が支配する。我々にとっての黒のように、そこでは白か黄色が喪を表す色である。生命のあるところにはどこにでも生き生きとした色彩がある。自然景観の主要部分に白色が現れるようなところはなく、人はその作品においてこれに従わざるを得ないのである。

　北方やイギリスのような国々ではこれとは違っている。イギリスは年中霧に包まれ、天地は灰色の衣装を纏っている。それによって、あらゆるものがぼんやりとしているが、まれにひとすじの太陽の光がある物を限定的に（しかし非常に効果的に）照らし出す。

　そこでは、まったく異なるポリクロミーのシステムが、つまり、より穏やかで明るいものが認められるはずで、これは明白なことのように思われる。これに関しては、ネーデルランド派に属する有名な色彩家の作品をイタリアのそれと比較してみることが啓発的であろう[25]。

　しかし、これらは、あのクーグラーの主張を反証するものとしては、また、白い大理石壁面を美しくないとする一見没趣味にみえる考えを証明するものとしては、付随的なものに過ぎない。私は、そのために美学者たちから謬説を唱える者として再び追放されねばならないとしても、自らの信念を繰り返さずにはいられない。つまり北方でも南方でも、白い大きな建築物の塊を美しいとすることはできないのだ。

　クーグラー氏は、この未決着の問題に結論を下すに際して、古代人の証言を非常に重視しているが、証言としてそこに引用

されたものを挙げると、その不十分さにまったく驚いてしまう。これに関わるまだまだ多くのほかの証言が引用できたであろう。しかし、それはまだ結構な方だ。その引用はたいてい、聖書の一節と同様に、各自がその信ずるところに従って解釈できるようなものなのである。

最初にクーグラー氏は、ポリクロミーを証言する4つないし5つの引用文に手短に触れる。彼は、それらの証言は、（アルカイックならびに地方的な）あまりに古い作品か、または、あまりに新しい作品について知らせるものに過ぎず、そうした作品には妥当しても、アッティカの大理石神殿には適用されないとする。

それでも、彼は大きく譲歩して、盛期に属するギリシア本土の神殿を除けば、ギリシア人の神殿には主要構造部分にも彩色が施されていたこと、そして、例外とされた神殿でさえ内陣内部は彩色されていたことを認めている[7]。

ここで、ポリクロミーに不利な証言が大々的に取り上げられるが、その期待はいきなり裏切られることに気付くだろう。そして著者でさえ、パウサニアスの記述に多くを負った論拠が脆いものであると感じているようだ[(26)]。なぜなら彼の文体はそこで突然乱れ、思考の跡を辿ることが難しくなるのである。それゆえに、彼は、それまで面白半分に論争を煽動していた反対者たちを一撃で封じるべく、決定的な引用を最後に提示した後で、次のような言葉でもって、弁解しなければならないと思うのである。

「これまでこうして、さして重要でもない証言を報告してきたのも、ただヘロドトスの記述が孤立しないように、そして場合によっては、その記述の真実性さえ疑われかねないためであった。」[27]

事実、クーグラー氏はその記述が持つ決定的な権威を正しく認識しており、それに比べれば、それまでに持ち出したすべてのことを、まったく意味のないくだらないまやかしだと、彼が見做すのも当然である。読者が同じように考えて、要点にとって不必要な飾りの部分を読み飛ばしたとしても、彼は驚かないであろう。しかし、彼が、「うぬぼれた間違いによりながら」、デルフィの神託を告げる巫女の座へと我々を導いていく過程を、少しだけ追ってみたい。

まず、クーグラー氏はパウサニアスに対する苦情を述べる。それは、パウサニアスが神殿建築物について語るとき、その状態についてほとんど何も知らせてくれず、我々の関心事(ポリクロミー)に関しては、建築材料についての散発的な報告以外に何も見出せないからである。

つづいて、彼は、この著述家が煉瓦建築物、あるいはほかの多孔質の石材による建築物について語っている箇所に言及し、次のように補足している。「煉瓦と粗い多孔質の石材には、周知のように、壁を完全に滑らかにし分節を明晰にするために、スタッコによる被覆が不可欠である。」[28]

著者の論証過程を遮って申し訳ないが、ここで早速、異議を唱えなければならない。

古代盛期の記念建造物で、煉瓦、多孔質の石材、砂岩、灰色または白色の大理石によって、そうでなくともほかの何らかの石材によって造られたものは、すべてスタッコで被覆されるか、少なくともスタッコに代わるエナメル塗料で覆われていたということは、確かに周知（ないしは当然）である。しかし、この一般的な事柄を、煉瓦と多孔質の石材に関して、著者が当然と思っているように、材料の性質から説明したり、そこに大理石作品の滑らかさ、分節の繊細さと明晰さを与えたいという願望から説明することは、決してできない。

　それどころか、ローマ後期同様に、最古の時代においてまさにこれらの素材で達成された高度の明晰さと精確さに、我々は感嘆しているのである。だから、白い大理石壁面に彩色を施すことなど、非常に繊細でそのままで美しい色彩を持つテラコッタをスタッコで被覆することに比べれば、別段驚くほどのことではない。

　このような現象の起源と、それを解き明かす鍵となるであろうものについては、のちほど見解を示したい。

　とにかく、先を見て行くことにしよう。「……そして、一般的な芸術発展においては当然であるが、スタッコ被覆を施されたギリシアの記念建造物には、形式同様、色彩に関しても、白大理石で建てられた壮麗な建築とのあいだに確実なつながりが認められる。したがって、白大理石の建築について証明し得ることが、多かれ少なかれスタッコで被覆された建築の色彩の説明にもなるだろう。」[29]

この論証による推定は、後で示されるようにリスクなしに受け入れてよいものだが、その弱点について注意を喚起しておかないわけにはいかない。記念建造物への白大理石の使用が、ほかの人工あるいは天然の石材類の利用に、先んじていたのではなく、続いていたということを、誰かがいまだに疑っているなどということは、私にはほとんど信じられないことだ。だから、どうすれば新しいものを古いもののモデルとして見做すことができるのか、理解できないのである。

煉瓦、多孔質の石材などによる構造物について報告するパウサニアス等の記述は、そのほとんどが非常に古い記念建造物に関連している。これらの構造物が、大理石による新しい作品の色彩を、どのように模倣、あるいは、適用したというのだろうか。

たとえ、煉瓦などによる構造物に新しく塗装を施して、大理石の作品に合わせたのだと解釈するとしても、クーグラー氏はすでに、論述のなかで再三にわたって、大理石造ではなくスタッコで覆われたギリシア神殿には、ポリクロミーが極めて大掛かりに施されていたことを譲歩して認めているのである。「したがって、スタッコで覆われた神殿によって証明されることが、多かれ少なかれ、(そのモデルと主張された) 大理石神殿の色彩の説明にもなるだろう。」

パウサニアスが取り上げているギリシア本土と小アジアの多くの記念建造物が、(「白い石」という大雑把な呼び方をされる) 白大理石で建てられていたことに言及した後で、クーグラー氏は、大理石のギリシア語での呼称 (λευκὸς λίθος / 白い石) には

両義的な意味合いがあるという注釈を入れている。つまりそれは、石目の白い石材を意味するか、または、完成した建築物への言及であれば、一般的にその（白い）外観を意味すると捉え得るという。そして、引用する古代文献のそこここに、多くのほかの材料名と一緒にこの表現が現れると、彼は自らの目的のために、それを当然のように最大限都合よく解釈してしまう。

　少なくともパウサニアスに関して、クーグラー氏が勝手にそんな権利を手に入れてしまったことは、ただ遺憾というほかない。この著述家は、クーグラー氏自ら認めているように、神殿の外観にほとんど関心を寄せていないのだから、彼は、λίθος λευκός という表現を、スタッコ被覆で隠れている他の石材の名称と同じように、鉱物学的・技術的な意味で用いたと考える方が、理に適っているのだ。彼が大理石神殿だけを特別扱いにして、その素材に関しては、通常意図すること以上のことを述べようとしたのだとすれば、それはまったく奇妙というほかない。

　同様に、つづく論証に対する無条件の賛同を求められても、そんなことはほとんどできない相談である。

　「さらに、」彼は述べる。「大理石は、まさに特有の豪華さのゆえに、先程言及した劇場やスタジアムに用いられたのであり、**これらの記念建造物に彩色を施すことなど、どのようにしても考えられないことだ！**」[(30)]

　なぜ否なのか。名高い神託を取り上げるに至るときに、それは考えられるのだ、ということがただちに分かるだろう。

　その他の大理石建造物をめぐる主張は無視しておこう。また、

それに関連して繰り返されている問い、つまり、しばしば石切場から遠く離れた建築作品に使われるような高価な材料に、なぜ上塗りを施すのかという疑問に答えることも、先に延ばすことにして、アンティキュラの小神殿に触れているところだけを、もう少し見ておきたい。「パウサニアスがアンティキュラの小神殿について述べている事柄は[31]、それが、ローマ人によってオプス・インケルトゥム（λογάσιν λίθοις／乱石積み）と呼ばれた方法[8]、つまり、キュクロプス式が発達したものと思われる建築方式で[32]、有名なラムヌスの小神殿のようにして建てられていたということ[33]、そして、その内部にはスタッコ被覆が施されていたということである。したがって、内部は色彩で装われていたかもしれないが、外部は内外の明白な対照から読み取れるように石固有の色を見せていたに違いない。」[34]

このパウサニアスの一節に対するクーグラーの解釈については、すべてそのまま受け入れておきたい。のちほどではあるが、これに興味深い注釈を施すためである[35]。

ここからプリニウスによる2つの記述への言及に至る、著者の詭弁的な文章を把握することは困難である。さらに、プリニウスの記述を自らの見解を支持するものとして持ち出す彼のやり方は、いっそう理解に苦しむものである。着色することで大理石の色合いと石目を模造することや、人工的に石目や斑紋を象眼することで色大理石に変化を付けることは、プリニウスにとって目新しいものだった。だからといって、彼がギリシアのポリクロミーについて何も知らなかったなどと言えるの

か！⁽³⁶⁾

特徴的な色彩と光沢とによって大理石を見映えよく現すこと、これはちょうどクーグラー氏が主張していることだ。ローマの著述家は、(ただただ、こうした原理を極度に洗練するだけで)大理石を引き立てることを、有害な革新と感じていたのだ！不適当に引用された一節がポリクロミーを直接には支持していないとしても、それらの記述は少なくともここにはまったく関係のないものと見做し得る[9]。著者が引くセネカの一節についても同様である[10]。

これらの引用の最中に、彼は突然、壺に施された図案を取り上げる。「最も完成された様式による壺の図案においては、周知のように図は黒地に赤く浮き立つものであるのに、そこに描かれた神殿建築は白い色彩で示されている。」[37]

この件は真面目に扱われるべきで、あらゆる先の引用に勝って考慮に値するものである。確かに、白い建築部分を仄めかす多くの壺の図案に思い至るが、ほかのものも思い起こすことができる。そこでは、建築部分は実質的に黒であるか、または、黒く縁取られて陶器自体の色を示している[11]。

ところで、古代の色彩使用についての論拠を、壺の図案におくことは難しい。なぜなら、古代人が陶工術に色彩を利用した狭い範囲においては、すべてが慣習次第であったからだ。

ここで遂に、すべての疑いをたちどころに解くとされる決定的な神託に辿り着く。

    Ajo Aeacida te Romam vincere posse![38]

クーグラー氏は正当にも、ヘロドトスから引用した一節を、非常に重要なものと見做している（そのあまり彼は、このヘロドトスの一節の真正性が、これによって挫かれる熱烈なポリクロミー支持者たちの疑いにさらされるのではないかという懸念さえ表明している）。その彼が、相互に関係のない2つの文章だけを取り上げて満足しているなどということは、まったく理解できないことだ。それらを含むヘロドトスの記述が、ここでの関心事に重要な関係を持っているということは、全体の脈絡のなかではじめて明らかになるのだ。敬虔な欺瞞があるのではないかと邪推したくもなるだろう。

そこに記された出来事自体、十分に興味深いので、ランゲ訳[39]からその全体をここに引いておきたい。

「ポリュクラテスに戦いをしかけたサモス人たちは、スパルタ軍が彼らを見捨てて引き上げようとすると、彼らもまた兵をおさめ、海路シフノス島に向かった。これは彼らの軍資金が欠乏していたためであるが、当時シフノス人はその繁栄の頂点にあったのである。これは島内に金銀の鉱山を擁していたためで、彼らは数ある諸島中最大の富強を誇り、その富の強大であったことは鉱山の収入の十分の一を費やしてデルフィに宝蔵を献納したほどで、この宝蔵は最も豪華を誇るほかの宝蔵と比しても遜色がない。そして彼らは年々の収入を自分たちのあいだで分配していたのである。シフノス人はこの宝蔵を作った折、自分たちの繁栄が長く続くことが可能かどうかを神託に問うたところ、デルフィの巫女ピュティアは次のような託宣を下した。

さりながらシフノスの市会堂が白くなり、
　　市場の眉も白くなるとき、そのときこそは深慮の男子が入用ぞ、
　　木造の伏勢、紅の使者を防ぐべく。

　ところで、シフノスの市場と市会堂とは、そのとき[12]パロス産の大理石で装われていたのであった。
　しかしシフノス人はこの神託の意味を、その当時のみならず、サモス人が到来したときですら解することができなかった。すなわちサモス人の一行はシフノスに近づくと、船団の内から一艘を出し、使節を町へ送らせた。ところで昔は船はすべて朱塗りであった。したがって、デルフィの巫女が、木造の伏勢と紅の使者を警戒せよとシフノス人に指示したのは、このときのことを言ったものにほかならなかったのである。
　さて使節の一行が到着すると、彼らはシフノス人に対して十タラントンの貸与を要求した。シフノス人が貸与を拒むと、サモス人はシフノスの田畑を荒らした。これを知ったシフノス人はすぐに防衛にかけつけ、サモス人と交戦したが敗れ、多数のものがサモス人によって、市中から締め出されてしまった。そして結局シフノス人はサモス人に百タラントンを支払うことになったのである。」[(40)]
　以上が神託について述べられた部分である。この神託の成就を可能な限り遠ざけておくことが、シフノス人にとって重要で

あったに違いない。

　神託はその慣例どおり、聞いたこともなくあり得ないような、不可解な矛盾した組み合わせによって表現されていた。

　紅の使者というのはギリシア人には耳慣れないものであった。というのも、使いの衣装は白であったからである。ギリシア人の観念によれば、紅の使者は、木造の伏勢あるいは木造の歩兵隊（λόχος／伏兵）と同じように、難解なものだった。

　神託をなす各句の詩的な釣り合いからして、紅の使者に矛盾が含まれるように、当然、白い市場と市会堂にもギリシア人の考えではつじつまの合わないことが含まれる必要があるのではないか。

　はたして神託が満たされる第一の、そして最重要の条件が、まったく日常的な現象であることなどあり得ようか。そんなことはあり得ない！　疑いなく白い市場など、少なくとも神託が下されたときには、民族の習慣や伝統に一致していなかったのだ。

　それどころか、古代の託宣を特徴づける対称性から、さらなる推論が許されてよい。紅の使者では、普通は白い姿のものが、異例の赤みがかった鉛丹色を帯びていることから、謎めいた白い市場もまた、普通の赤みがかった外観と対をなすものであると結論しても、性急すぎはしないだろう。

　それならば、神託が下ったとき、白い市場と白い市会堂などばかげているように思われたに違いない。

　まだ重要な疑問に答えていない。つまり、白大理石で建築物

を建てるようになり、ギリシア人の習慣に全面的な変革が起こったために、作品に彩色を施すという古風なやり方が突然途絶えることになったのではないか。そして、サモス人が船で到来したそのときに、市場(アゴラ)と市会堂が白い姿で現れるということが、それに偶然重なっただけではないのか。

シノフス人は、パロス産の大理石で市場を仕上げようと決めたときに、彼らに告げられた運命とそれに結びついた事柄を忘れ、巫女ピュティアを無視して、本当に市場を白いままにしようなどと計画するであろうか。

神託に問うてから間もないうちにそんなことがあるなどとは、ほとんど考えられないことだ。

ヘロドトスの表現の仕方もまた、これに反対している。

Τοῖδι δὲ Σιφνίοισι ἦν τότε ἱ ἀγορὰ καὶ τό πρυτανήϊον παριῷ λίθῳ ἠσχημένα：ところで、シフノスの市場と市会堂とは、そのときパロス産の大理石で装われていたのであった[13]。

ヘロドトスは上述の出来事ののちわずか二世代目にあたる人であり（当時の人々の孫の世代を知っていた）、また、シフノス人の街は破壊されておらず、ただ略奪されただけであった。したがって、問題となっているシフノス人の建築物は、ヘロドトスがその歴史をものしたときには、まだ存在していたのであった。このような状況を考慮すれば、ヘロドトスの表現の仕方は、その出来事以降、建造物の状態が変化していることを示唆しているようである。

しかし、作品に彩色する習慣が途絶えたのではないかという

推定に対する最大の反対材料は、そのような注目すべき突然の習慣の変化や伝統の変革を示す歴史的証拠など、何ひとつ存在していないという事実である。

それゆえ、次のように仮定する以外ない。つまり、市場は市会堂とともに、その出来事が起こったとき、ちょうど建造を終えたところで、まだ着色を施されていなかった。そして、建造に取りかかった時点では、白い市場(アゴラ)などまったくシフノス人の念頭になかったが、それが本当に白い姿となったとき、油断のならない神託が成就したのだ。

この解釈には、確かで劇的な必然性があるように思われる。いかなるほかの解釈も陳腐であり、偉大な歴史家に相応しくない。

クーグラー氏は、シフノス人と同じようにピュティアによって欺かれたのであり、次のように宣言して勝利に酔うには早過ぎたのだ。

「したがって、この証言は次のような決定的な結論をもたらす。つまり、ギリシア芸術盛期に、パロス産の大理石で、これに躊躇なく付け加えてもよいのだが、とりわけペンテリコン産をはじめとするあらゆる上品な白大理石でアテネに建設されたものは、基本的に白い外観を呈していたのだ。」[41]

この結論は決定的とは言い難く、(決定的の一言で済ませるのではなく、それだけが正しいと分かるようなかたちで読者に提示しようとした) 筆者の解釈に従えば、神託が告げているのは、**白い神殿のみならず、白い市場や白い市会堂も、つまり、**

おそらくはそもそも白い記念建造物などというものを、イオニア系ギリシア人は聞いたことがなく、それどころか、それらの主要部分は「基本的に」赤い外観を呈していたらしい、ということである。

　彼が引用したあらゆる古代人の証言のうち、残されたものはひとつだけである。それはアンティキュラの神殿に関する報告である。これについては、しばらく彼の主張を認めておこう。

　なお、クーグラー氏はこの論考中、古代人によるこれらの証言に充てたのと同じ章で、神殿の金属飾りについて若干の所見を述べている。争点との関連で言えば、これによって示したいことはおそらく、白大理石で建てられたギリシア神殿は、建築家の構想に従えば、楯形飾り、奉納物、格子柵[14]などといった金属製の付属物から独立した存在であって、これら後付けのものが十分にあらかじめ計算されたり対称に作られたりすることは、あり得なかったということだ。

　この主張は、彼の論考が扱う対象によっては十分に根拠づけられていないのだが、これに秩序立った批判を加える前に、ただ次のように問うてみたい。絶えず分けて識別することが今日の芸術論の特徴であるが、その目的はどこにあるのか。芸術作品が、より全体的な環境といかに一体化しているのか、また、より部分的な付属物といかに一体化しているのかを浮き彫りにするのに、その方法は、とにかく特別扱いして区別するだけの方法よりも、より優れより有益なのではないか。

　ギリシア神殿をより大きな全体のなかの部分として見ること

は、もはやできない状態にある。神殿は全体のなかで関係の中心となっていたのであり、それは、それ自体がより重要な位置を占める至聖所をさらに囲んでいるのと同じことである。この状態に飽きたらず、神殿からそれに不可欠な付属物をも奪い取らねばならないのか。

III. 化学的証拠

クーグラーの論考の第2章は、古代の記念建造物に今日なお見出し得る色彩の痕跡に関する諸々の報告を吟味することに割かれている。

本論の主題に従い、主に、旅行者が建築物の主要部分に観察した古代の塗装の痕跡に関わる問題だけを取り上げざるを得ないが、これについてクーグラー氏は、大理石神殿は白のままであった、つまり、被覆されていなかったとしている。

まず、自著『覚書』の一節に言及すべきであろう。そこで私は次のように報告した。「この神殿（テセウス神殿[42]）の内陣後室の壁端柱（アンタ）の頸部、観察者から見て右方、壁端柱のあいだの円柱を向いた側に、それによって内陣全体が覆われていた**ように見える**青く塗装された手のひら大の部分が残っている。ニッチの構造部分はキリスト教時代のもので、内陣前室の壁端柱のあいだに、神殿天井の破片を材料にして造られたものであるが、そこには、全体あるいは一部を当初のガラス状のエナメル塗料で覆われた破片がいまだに見出される。筆者はそのような破片

を懐疑的な者に対する物証として持ち帰った。なお神殿内陣の内部は、高い台石から数えて6段目の石積みの高さまで比較的厚いスタッコで覆われていた。鑿で規則正しくざらざらに叩かれた石の表面や、そこに残るスタッコ片が、その証拠となるであろう。」[43]

この引用に、一般にはまだ知られていないほかの報告を添えておいてもよいだろう。

よく知られたイギリスの建築家で古代遺物の専門家であるT. L. ドナルドソン氏は、すでに1820年に同じ神殿を観察して、次のように報告している[15]。

「スチュアートによるこの神殿の図面は彼の仕事中最も完全なものであり、そこに付け加え得る所見はほんの僅かに過ぎない。天井の格間の地は青色で、各々ひとつづつ金色の星が描かれていた。列柱の内側のあらゆるモールディングと狭い帯状面には装飾が描かれていた。北西角外側のコーニス下端にも、おそらくはスイカズラを描いた装飾が施されていた。その全形を把握することはできないものの、部分的には今も輪郭が残っている。実体をともなった薄い被覆を、すべての円柱、および内側のあらゆるアーキトレーヴとフリーズの表面に認めることができ、かつては建築物全体が、スタッコあるいは彩色された薄い外被のどちらかで覆われていたものと考えたい。ミューテュールの下端は青く着色されていた。その色彩片についてはいくつか持ち帰っている。外側のアーキトレーヴの帯状面やコーニスの下面も残らず色彩で飾られていたが、その被覆の大

部分は風雨に曝されて消えていた。何が描かれていたのかを確かめることはできないものの、被覆を識別することは今なお可能である。**内陣壁体の内側と外側は、明らかにスタッコないしは着色による被覆を施す目的で、尖ったもので処理されている。**背面ポルティコと内陣後室(オピストドモス)を仕切る格子柵のための窪みが、円柱と壁端柱に見出される。それは、同じ円柱と壁端柱の基部に刻まれた、それらの柱台をおさめるための受け(プリンス)と同様のもので、パルテノンにも認められる[16]。」[(44)]

　この議論の流れを不必要に中断しないために、すぐにつづけて、1832年にアテネの記念建造物でグーリーと行った観察から、若干のことを振り返っておきたい。

　我々はドナルドソンと同様に、テセウス神殿の外面が滑らかに磨かれてはおらず、極めて入念にではあるが、何らかの方法でざらざらに処理されているのを見出した。この粒状のざらざらは古代の大理石神殿のあらゆる部分に見出されるので、ほかよりもそこで特に目を引くということはなかった。受けの接合面だけはその縁が互いに滑らかに磨かれていた。突き合わせの接合面も同様である。しばしば接合部はほとんど見えない状態だった。テセウス神殿内部の表面に関しては、その処理方法はまったく異なっており、凹凸がより粗く、スタッコ片がまだ残っていた。

　上述した青いエナメル塗料の部分は、私が壁端柱の柱頭部を調べているときに、まったく偶然に見つけたものだった。それは決して思い違いなどではない。私が梯子を使ってその個所

を調べていたとき、シャウベルト氏はそこに居合わせてはいなかった[45]。そもそも彼は、我々の滞在前にも、また滞在中にも、その神殿に対するいかなる本格的な調査も行っていなかったのであり、(私の帰国前に) 彼がベルリン滞在中に提示したポリクロミーの図面は、グーリーと筆者のものの透写および複写であった。彼がフォン・クワスト氏に分与し、氏のよく知られた出版物[46]に利用されたほかのいくつかの図面についても同じことが言える。

　シャウベルト氏が内陣壁面に黄色の痕跡を見たとするならば、それは青い痕跡が発見された壁端柱のところではなく、ほかのところに違いない。実際は、彼が、古い天井になお認められる確かに黄色くにぶい色彩の名残を、もっと正確に言えば仄かな色合いを、元々の色彩と見做したというところだろう。

　しかしクーグラー氏は、この両証言が互いに矛盾しているかのように扱い、それらをうまく組み合わせようとは決してしなかった。すでに述べたように、我々は異なる部分を観察していたのである。私は内陣壁面にはっきりとした色彩を見出さなかったから、私見としてそれが壁端柱と同じ青色だったのではないかと述べたに過ぎない。しかし、内陣壁面がいかに彩られ、その色彩がどれほど豊かであったのかを、誰が知り得るだろう。もしかすると、歴史画で彩られていたのかもしれないのだ。

　さらに、テセウス神殿ポルティコ内側のアーキトレーヴで、複数の部分に鮮やかな赤い色[17]を発見した。これに間違いはない。それらは何れも接合部の近くと隅部にある非常に小さな部

分に過ぎないが、封蠟のように光沢があり、赤いテラコッタの色で、いくらか透き通っていた。もしかすると、はじめは現在よりも明るい色彩であったかもしれない。

円柱に色彩の痕跡を見つけることはより困難であったが、そこでも、懐中ナイフを使って長いあいだ探した結果、光沢のある赤い斑点を発見した。

テセウス神殿のトリグリフの調査では、パルテノンのそれと同様に何も見出せなかった。メトープの地の色彩についても、我々のあいだで意見が分かれた。私は復元を試みるにあたって、ウィトルウィウス、シチリアに見られるメトープ、そして、コルネトに存在するローマ・エトルリアの墳墓に従った。コルネトの墳墓は、私がローマ考古学研究所年報に載せたことで、広く知られることになったものである[47]。

様々なところに着色された装飾の輪郭がまだ目に見えるかたちで残っていた。葉形ないしはそれに類する形が黄金色の表面をよくとどめていたのに対して、その周囲は白く風化しているように見えた。同様のあるいはそれに似た装飾が、比較的よく保護されたところにはなお良好な状態で残されており、下地の色をなす被覆を完全にとどめていた。下地の色はモザイクのように各色彩が並んでおり、色彩のあいだには細い合わせ目ないしは縁のようなものが認められた。これらの縁はモザイクのような地の継ぎ目を覆い隠す目的で施されたのではないかと推定される。より分厚いエナメル地に重ねられた薄い第二の被覆はまだはっきりと痕跡を残しており、とりわけ、壁端柱柱頭部の

葉飾り、そして、ハート文様ならびに卵文様にその痕跡を見出せる。パルテノンではすべてが非常にぼやけていて、たいていの場合、ただ輪郭を残すのみであった。それに対して、テセウス神殿では装飾を構成する個々の色彩を正確に定めることができた。

　第二の被覆層には二通りの手法がある。比較的薄い被覆は広い面をなしており、それは一種の慣習的な仕上げとなっていた。天井格間凹部を縁取る緑の連珠紋に沿って、この薄い被覆を施されたふたすじの縞が見出され、そのあいだにだけ、緑色の地が露出していた。帯状面の大部分を飾っている迷路文様の目にも、よく似た部分を見つけることができる。

　第二の手法は比較的厚く塗るもので、それは常に細い線に過ぎず、形の縁取りをなしている。エナメル地は（指の）丈夫な爪ほどの厚さを持つガラス状の外被である。個々の色彩成分の風雨に対する耐性は必ずしも同一ではないので、ある色彩はほかのものよりも脆い。そういうわけで、内側の形、あるいは、その周囲の異なる色彩を持つ面が、他方よりも長期にわたって残るのである。したがって、このエナメル外被が早く消えたところほど風雨による石の侵食が進むので、神殿外側のかつては着色されていた装飾がしばしば平たく浮き上がっているように見える。

　何度も引き合いに出したテセウス神殿天井プレートの断片は、のちの移動と扱いによってひどく損なわれているものの、上述したいくつかの細部を示しており、その明らかな証拠となって

ゼムパー　建築芸術の四要素

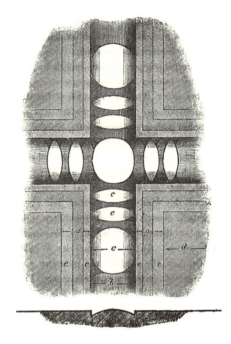

テセウス神殿天井プレート断片：
a. 暗緑色のエナメル塗料
b. 淡青色のエナメル塗料
c. 剥落しており特定不能
d. テラコッタの色をした地
e. エナメル下地に施された繊細な
　彩色被覆ないしは塗金

いる。

　下地本来の色彩が多くの個所で再び見出されても、そこに塗られた色彩の具体的な状態を正確に述べることは非常に難しいだろう。そこで、モザイク地の各部を区切る細い線を塗金されたものと見做し、その蝋絵具のエナメルと[18]、よく知られた古代エジプトのエナメルのあいだに親近性があったという考えに従ってみた。古代エジプトのエナメルのディテールはそれぞれ、金縁によって、もっと正確に言えば、金属地を凸状にしたものによって区分され、網細工のように囲まれていた。ほかの人々

はそれが白だったと推定している。ときには、それが当初から現在と同じような黒ずんだ色だったと想定したくなるであろう。この想定は、アッシリアとエジプトの形象を囲む黒い輪郭との類比から生じるものだろう。しかし他の色彩の濃さを考慮すると、こうした想定にはどうしても納得できなかった。

　上に重ねる面に関しては、若干のところで塗金を重ねるもので、ほかのところでは下地面をより暗くぼかすものだった。これは疑う余地のないことである。

　エレクテイオンにおいては、はっきりとした色彩の痕跡をほとんど見つけ出せなかった。聖遺物を収める見事な小箱ようなこの神殿の調査に着手したとき、私のアテネ滞在はすでに終わりに近づいていた。その形式が多様であるために、また、その計画を理解するために、最後までなすべきことが多くあった。

　この複合神殿の内部は少なくとも部分的に色大理石で装われていたようである。というのも、（この建築物で二度実施したうちの一方の）発掘の際に、以前に言及した[19]ことのある緑色の円柱柱身のほかに、淡黄色ならびに緑色の大変薄い大理石板の断片と、（アラバスターと思われる）透き通った褐色の石の断片を見出したからである。この石は、古代人のあいだでΣφεγγίτης と呼ばれていたものと思われる[48]。これが半円柱を付されたファサードにおいて[49]、窓ガラスの役割を果たしていたと推定される。これらの断片が古代のものであることは疑い得ない。この神殿の色彩の痕跡についての詳細な報告はもっと後で行う。風の塔では、下からはっきりと、内部のあらゆる

分節部位とコーニスに、着色された装飾の跡が認められた。しかしながらこの建築物について、それ以上詳しくは調査しなかった。

　リュシクラテスの合唱隊記念碑(コラジック・モニュメント)では、頂部装飾のアカンサスの葉飾りに、青地に緑が施されていたこと、そして、この頂部アカンサス飾りの下部にある豊かに溝彫りされた水葉飾りに、赤と青が交互に施されていたことを見出した。しかし後者に関しては、古代の彩色のかすかな痕跡だけをたよりにしており、決定的なものではなく推測であることを認めておく。

　記念碑の頂にある三脚杯は、かつての固定用のほぞを受ける穴が存在していることから判断すれば、よく知られた見事な頂部装飾の上に置かれていたのではなく、3本の脚が頂部装飾を取り囲み、その上面に杯が載っていた。つまり頂部装飾は、現存する大理石の三脚杯がそうなっているように、三脚杯を中央で支えていたのであった。3本の脚は、頂部装飾からはじまり屋根に沿ってうねる3つのアカンサスの渦巻の上に載っていた。（報告には及ばないあらゆる個々のディテールの色彩を除いて[20]、）これは、（図面や調査日誌に基づくものではないが、）この対象に関して自らの観察によって追加報告できる最重要の事柄である。

　確信を得るにはこれで十分であった。この確信は当時と変わらず現在でもしっかりとしており、これとは異なる新しい主張にも動揺することはない。つまり大理石神殿は、白色や淡黄色ではなく、飽和状態の鮮やかな色彩に溢れ輝いていたのだ。そ

れが与える主な印象は、おおよそ今なおそれを際立たせている色調のとおりであったが、ただより輝き、しかもより軽やかであった。なぜなら、その下で石の白と結晶とが透けて微かに輝く赤みがかったガラス状の被覆のためであり、これと交互に現れる、わずかに緑がかり、黒によって和らげられた青い色彩のためであり、全体を細い網目で包み、主要部分[21]ではハイライトとして濃密になる金のかすかな輝きのためである。このような色調は、あらゆる古代のテラコッタに根強く見られるのに、どうして神殿ではあり得ないとしなければならいのか。

　こうして、建物の量塊は、南の地方で真昼に空の低い部分が輝くときの、その色調に溶け込んでいくのである。今日の画家たちはこの軽やかな輝きに、ただ鉛丹によってのみ近づくことができる。

　すでに紹介した報告に加えてさらなる新資料を紹介する前に、クーグラー氏の論考に目を向けておきたい。彼はパルテノンなどに見られる金色がかつての彩色被覆の痕跡であるという推定に反対している。神殿南面が他の側面よりも白いというドッドウェルの報告は[50]、海風の影響から説明がつく。海風は毎日繰り返しこの側面に吹きつけて、強い反応を引き起こすのである。（これについては、ずっと後に述べる。）楯形飾りに関しては、それらが本来は建物の一部ではなかったというクーグラーの前提を、私は確実だとは思わない。楯形飾りの背後の色彩が、金属の影響によって外面と同じくらい早く退色するということもあり得るだろう。そもそも私は、建物と飾りとのあいだのい

かなる違いにも、一切気付かなかった。ただ側面からの十分な照明のもとで、だぼ穴を囲む暗色の輪を認めただけだった。

　残存する彩色外被の厚みや脆さから、当然、記念建造物全体がそれで被覆されていたと考えられる。なぜなら、さもなければ外被の縁で剥離が生じやすくなるからだ。私のこの所見に反対するために、クーグラー氏はある事実を持ち出すのであるが、それはこの所見を否定するよりも、むしろ支持するものである。つまり、着色された装飾でより古層のものが浮彫り状に現れるという事実だ。これについてはすでに論じておいた。

　オトフリート・ミューラーが都市守護神ミネルヴァ[51]の神殿の仕上げについて述べていることは、狭義の意味での仕上げ、つまり磨き上げることとは何の関係もない[52]。この表現は思うに、ἀκατέξεστον、つまり、磨かれておらず、誤解を与えるものだが、今なおフランスでは一般的な賞賛すべき古来の慣習的建築法を思い起こせば十分に説明がつく。その慣習とは、建築物を石造する際、その受け面と突き合わせ面については非常に正確に入念に加工するものの、あらゆる外側の面には手を加えずに建て、ようやく最後に現場で仕上げて完成させるというものである。

　エレクテイオンのフリーズは浮彫りを施されたブロンズのパネルで覆われていたので、これに拠ってここで論証できることはほとんどない（そもそも、それは大理石ではなくエレウシス産の石でできていた）。奇妙なことにこれまでずっと、このフリーズの塗金された各像はひとつひとつ個別に留められていて、

それらのあいだからスタッコ地が見えていたと推定されてきた。これは古代人の考え方に反するであろう。古代の平面装飾は、パネル張りのモチーフあるいは壁面被覆のモチーフに由来しているのだ（後述）。これらの像は疑いなく、連結されてフリーズのプレートをなしており、全体としてエレウシス産の石に固定され、それを隠していたのである。どうしてこの石材が選ばれたのか、経済的であったからか、それともほかの理由からなのか。そんなことはここでの問題ではない。

「専門技術者たちが正式の鑑定として、アテネの記念建造物に見られる金の色彩を彩色被覆の本当の跡であると認めるまでは（しかし、その実現は疑わしい）、上述した学説に賛同することはできない。」[53]

こう述べて、クーグラー氏は彩色被覆が一般的に存在したとする説に反対する彼の論証を締めくくっている。

彼の要望に応えよう。

1837年6月1日、ロンドンの大英博物館にて開催された、エルギン大理石[54]**に残された色彩の痕跡に関する調査委員会の会議記録**[22]。[55]

ブレースブリッジ氏は、エレクテイオンの着色装飾と色彩痕跡について記録報告するという栄誉に浴している。この記録は、［ミネルヴァ、ポリアス、パンドロソス、エレクテウスを祀ったアクロポリスにある名高い複合神殿の］北側ポルティコから得られたものである。**神殿のこの側面は海風からよく保護されており**、あらゆる彫刻装飾がまるで完成したばかりであるかの

ように、きれいにはっきりと保存されていた。また、保存のよい見事な柱頭を持ち、フルーティングを施されたこのポルティコの円柱には、色彩の跡が認められる。特にフルーティング最上部では、スレート色に着色された薄い被覆を認めた。ほかのところでは、黄色と赤の色彩に気がついた。しかし、残された部分は小さく、色褪せているため、その性質については論争の余地がある。ただ、かつてそこに（何れにしてもレリーフの彫り込まれた部分、柱頭の凹部などには）色彩が存在していたということ、そして、その色彩には様々なものがあったことは確実である。この建築物の凸部にはもはやいかなる色彩も見出せない。しかし、青、赤、黄色が使われていた可能性が非常に大きい。色彩の存在に対してなお疑いが生じるかもしれないが、若干の色彩片を科学的に分析すれば、あらゆる疑いは解消されるだろう。

　ブレースブリッジ氏は、色彩の痕跡が見出されるはずのテセウス神殿の柱頭については調査しなかった。しかしながら彼は、その神殿についても、エレクテイオンと同じことが言えるものと信じている。

　『アテネとアッティカ』に公開されているワーズワース氏に宛てたブレースブリッジ氏の手紙において[56]、1835–36 年［の冬］にパルテノンの南［東］角で深さ 25 フィートに及ぶ発掘が行われたことが報告されている。そこで、石切場から運ばれたままの大理石の塊や、様々な破片などを取り除いたところ、これらの下から、陶器や焼けた木材の断片が発見されたの

である。そこに居合わせた人は誰も、発掘が［、パルテノン建設時に廃棄された大理石よりも下、まさに］古代のヘカトンペドンの層に達したことを疑わなかった[57]。［もしかしたらそこに、ヘカトンペドン自体の焼けた木片が残っていたのかもしれない。］ここで様々な大理石片が見つかったが、そのなかには、トリグリフ、フルーティングを施された円柱、彫像といったものの断片、［とりわけ（今日に近い髪型をした）女性像の頭部］が含まれていた。ここに言及した3つのものの断片には、非常に鮮やかな赤、青、黄色、あるいはより正確に言えば、朱色や群青色、麦藁色の彩色が施されていた。この最後の色については、地中で退色したものかもしれない。

　これらの注目すべき断片は、アクロポリスに慎重に保管されたものの、顕著な対照をなすその色彩のきらめきは、すぐに失われてしまうのではないかと懸念される。色彩は厚い外被をなしている。女性彫像の頭部には目と眉が描かれている。

　真新しいペンテリコン産大理石の眩い白さを考慮するだけで、こうした色彩使用のわけが明らかになるだろう。なぜなら、特にそれなくしては、作品の細部が全体を包む微光の中に見失われてしまうであろうからである。付言しておけば、色彩使用はより古い時代からの慣習でもあった。[58]

　以上につづいて、ファラデー氏が様々な色彩片について行った化学的分析の結果が報告されている。そのすべてにおいて蝋と芳香性樹脂（a fragrant gum）が見つかり、また、青い色彩片にだけではあるが、色彩の成分（銅）が確認された[23][59]。

さらにビーズ飾りが提示されているが、これは、エレクテイオンの4柱式ポルティコを構成する、イオニア式円柱の渦巻装飾間にあるトルスに施されていたものである。それは黄、赤、紫、青であった。

そして結論として、**色彩使用を疑う理由はどこにも存在せず、ドナルドソン氏がテセウス神殿から持ち帰った色彩片の分析によって、これらのサンプルが採取されたところに、つまり、テセウス神殿の円柱柱身の表面、および、この建築物のその他の部分に、多彩な被覆が施されていたことが明らかになった**、と明言されている。

要するにクーグラー氏は、ここに化学者による「決定的な正式鑑定」を手にしたのであり、白旗を揚げるしかないのである[60]。

IV. 推論以上のもの

なぜ古代の人々が壮麗な建築のために、白大理石をしばしば莫大な費用をかけて遠方から運んだのか、それが大理石の白さのためでないとすれば、クーグラー氏にはまったくそのわけが分からないだろう。

許されるならば、ここで極力手短に、それに対する答えとして、多くの引用がなされてきた小冊子『覚書』の一節を、若干の補足をしながら繰り返しておきたい[61]。

何よりも困難なことは、古代人が格調高い素材である大理石

を色彩で覆い隠したということを、人々に納得させることである。しかし、木材か煉瓦でできた最古の記念建造物を除けば、ほとんどの（そしてすべての比較的古い）ギリシア本土の神殿は、灰色の、そこでは非常にありふれた大理石風の石灰岩、あるいは、多孔質の貝殻石灰岩でできており、表面を着色する前にスタッコで被覆していたのだ。白大理石が選択されたのは比較的遅れてからで、それも、それが非常に手近にある場合か、並外れて壮麗な建築物に用いる場合に限られていた。さらに詳しく言えば、次の理由から選択された。

　第一に、白大理石は、組織の適度な硬さと繊細さ、均一性のゆえに完璧な加工を施すのに好都合であり、同時に、非常に耐久性に富んでいたからである。

　第二に、それがスタッコ被覆を不要にしたからである。大理石神殿には色彩を直接塗ることができた。新しい着色技術は白大理石導入の最初の結果であったし、白大理石が広く普及し好まれる主要なきっかけとなった。つまり、蝋画(エンカウスティック)による着色は[62]、大理石か象牙だけにうまく施し得たのだった。のちになってはじめて、より簡便な方法が発明され、熱く溶いた蝋で木材にさえ着色できるようになったのだ。より古い方法では、おそらくペースト状の蝋絵具を塗ったので、一種のエナメルが生じた。こうして、熱せられた鉄で各部が接合されてからさらに、特にその継ぎ目が隠されたのである。

　これらの推測は、主にプリニウスの証言に基づいている[24]。彼はパロス島の芸術家を3名挙げているが、それは彼が知る最

初に 蝋画(エンカウスティック)によって描いた芸術家たちである。また、最古の最も有名な大理石の石切場は、周知のようにパロス島にあった。

さらにプリニウスは、蝋画(エンカウスティック)によって描く手法は、過去には 2 種類であったと述べている。ひとつは（大理石に？）蝋を用いるもので、もうひとつは象牙に芳香性樹脂ないしは尖筆を用いるものだった。そののちに第三の手法が加わった。それが火で溶かした蝋を筆で塗るものだ。この着色は日光によっても、塩水によっても、風雨によっても損なわれることはなかった[25]。

上に報告したギリシアでの着色の跡に対する観察結果が、こうして立てた私の推測を確かなものにした。

第三に、眩しいほど白い結晶質の地の輝きと透明感は、多少の差はあっても、透明なガラス状の蝋被覆を通して効果的に現れたからである。

第四に、この材料に本質的な貴重性に大きな価値が置かれたからである。即座に目につかないものでも、実質において、外観の壮麗さに相応しいものでなくてはならなかったのだ[26]。フィディアスが象牙でミネルヴァ像を作った話はよく知られている[(63)]。これには国家の名誉と神性への敬意が関与していた。

元々の問い、すなわち、ギリシア人が白い神殿に彩色を施そうとしたのかのはなぜかという問いに答えるなかで、着色するために白大理石が選ばれたのはなぜかということが教示された。このことは、思考の一貫性を無視したことによるのではなく、意図的になされた。後でもっとはっきり分かってくるように、これが問題の正しい捉え方なのである。

とはいえ、善と美は常に、それが見出されるところでは、やはりあらゆる方向に異なったかたちで現れるものだ。この自然な考えに照らせば、そうしたことがここでも起こったと言える。つまり、大理石が、その上品な肌理、結晶質の透明感、色彩によって、アッティカの彫刻・絵画の発展を支える最も美しい基本的な素材となる一方で、芳香性の彩色エナメルは[27]、大理石を保護し、その耐久性を増すのに重要な貢献をしたのである。だから、もし蛮行によって台無しにされていなかったならば、それらは今日なお本来の美しさのままに存在したであろう。化学者ハンフリー・デーヴィ卿がその著書『旅の慰み』[(64)]の第5章でこれに関して語っていることを、我々は参照することもできるだろう。

 論争はここで終える。この論争の目的は、クーグラー氏の論考を引きながら、氏の芸術観を彼が立てた古代ポリクロミーのシステムに従って美学的観点から吟味することではないし[28]、氏が提示する神殿の系譜を非難することでもない。彼はその論考において、神殿の内部に、そして内陣前室・後室にさえ彩色が施されていたことを認めたうえで、さらに次のように述べる。

 「しかし、周柱式神殿［桁行］の長手側面にこの種の効果[(65)]を意図したかどうかということも、また問題である。反対に、この効果をよりせまい［梁行の］主要面に限ったとする方が、いっそうあり得そうに思われる。**主要面では、内陣前室・後室の奥行きが、それ自体ですでにより優れた背景をなしていたに**

違いなかったので、効果をここに制限して、この面をより重要に見せるためである[29]。ウィトルウィウスの言葉がこの見方を裏書していると思われる[(66)]。彼は、柱を前に出して建築物に堂々とした外観を与えるために円柱の配置が考案されたと記した上で、ヘルモゲネスによって導入された二重周柱式(ディプテロス)を賞賛している。そこでは、列柱廊はより深い奥行きを持つことになり、柱間の奥に、周知のようなより大きな効果が生じるのである。しかし、この特徴的な効果がすでに暗い色彩によって一般に達成されていたならば、きっと追求されることはなかったであろう。」[(67)]

けれども、円柱も同様に比較的暗い色彩だったとすれば、どうであろうか。要するに、この幾分退屈な文章を吟味して、何も言い添える必要はないのだ。後でもう一度引き合いに出す必要があるので[(68)]、ここに引用だけしておく。

V. 四つの要素

古代ギリシアの造形は、とうに衰退し風化した幾多の過去の状態と、起源における意味をもはや失った外来の見知らぬモチーフからなる腐植土の上にのみ成立することができた。

後期ギリシア文化の自立した詩的創作である神話も同様である。神話は、ホメロスとヘシオドスにおいてはじめて整ったかたちで現れ[(69)]、理解不能となり荒唐無稽な物語に戻ってしまった哲学的な自然象徴体系の上に花開いたのである[30]。神話の側

から言い直せば、それは、事実に基づくものの生命を失った伝承と、外来ならびに古い土着の信仰と文芸の上に植えつけられたのであった。この豊かな土壌から、自律した古代ギリシアの神々にまつわる詩が解き放たれた。造形芸術も、この説明と同じように、土着ならびに外来の、根を奪われたより古いモチーフの残骸の上に出現したのである。

 とにかく、たとえアッシリアとエジプトの平原で、すでに人々が集まって国家として組織されていたころに、栄えある小アジアとギリシア本土の国々が、いまだにその地のかの諸勢力と格闘せねばならない状態であったとしても（そこに残された力強い痕跡は、そうした諸勢力の営みが比較的後の時代まで続いていたことを証している）、また、たとえその地に存在した未知の様々な古い文化状態の跡を覆い隠している腐植土が、その地について、人類最初期の中心地のひとつであり[31]、絶えず侵略行為に曝されていたと直接証言しているとしても、何れにしろこのことは確実である。つまり、より古い文明を構成していた極めて多様な要素が、ここで交錯し堆積したのであり、これらが、偉大な民族的変容のなかで、堆積した状態から（パロス産大理石のように）澄み切った独自のものへと結晶したのである。

 それでもなお、起源の構成要素を認識することは可能であり、ギリシア芸術の確かな姿を理解するためにも、こうした要素の跡を追うことは必要なことである。ギリシア芸術は、我々がそれを含む全体像を見失っているために、残念ながらもはや全体

から理解することのできないものとなっている。そして、そうした全体像とのあいだに矛盾があるように見えている。

　人々は、古代においても現代においても非常にしばしば、建築形式の世界を、主に素材によって条件づけられ、素材から生じるものとして捉えてきた。また同時に、誤った付属物から建築芸術を解放すべきであると信じている限り、構造を建築芸術の本質として認識し、それによって建築芸術を厳しく律してきた。建築芸術は確かに、その偉大な教師である自然と同様に、自然を通して条件づけられた法則に従って、素材を選択し用いる。しかし、その造形の形式と表現とについては、素材ではなく、造形物に宿る理念に従わせるものなのではないか。

　もっとも、理念を具現化するために最も適した素材が選ばれるならば、建築作品における理念の表現は、作品が自然の象徴として現れることによって、その美と意味とを増すに違いない。しかし、好古趣味と結びつくことによって、ここに示唆したような物質主義的な考え方は、奇妙で不毛な憶測へと至り、よりによって芸術の展開上最も重要な影響を見落としてしまったのだ[32]。

　非難したのと同じ過ちを犯す危険があるが、本当に詳述するつもりでいる事柄に至るためにも、人間社会の原初状態に遡るよりほかにない。努めて、できるだけ簡潔に済ませることにしよう。

　荒野での狩猟と戦闘、放浪の後の、人間の定住と安息を示す最初のしるしは、人類始祖の失楽園のころと同じように今日で

も、焚き場を設けて、活気づけ、暖を採り、食物の支度をするための炎を起こすことである。炉を囲んで最初のグループが集まり、そこで最初の同盟が結ばれ、最初の未熟な宗教観念が文化的慣習として定められた。社会のあらゆる発展段階を通じ、炉は、それをめぐって全体を秩序づけ、形態化する、神聖な焦点をなしている。

炉は、最初のそして最重要のもので、建築芸術の**倫理的**要素である。その周りに他の3つの要素が集まっている。それらは、炉の火を脅かす3つの自然力に対する防御として、いわば、保護しつつ拒否するもの、すなわち、**屋根、囲い、土台**である[33]。

人間集団が、気候、地勢、その間の相互関係、これらの極めて多様な影響のもとで、また、人種的特性の差異に従って、様々なかたちで形成されたのに応じて、建築芸術の四要素の組み合わせも別々の状態で形態化される必要があり、いくつかの要素はより発達し、他のものは背景に退かなければならなかった。

同時に、人間の様々な技能がこの各要素に従って組織された。陶工の、のちには金工の仕事と技が、炉をめぐるものであり、**治水仕事**と**石工仕事**は、**土台**をめぐり、**木工仕事**は、**屋根**とその付属物をめぐるものである。

しかし、**囲い**のもとで展開した原技術は何か。それは、**壁面仕上げ工**、つまり、筵編み職人と絨毯織り工の技にほかならない。

おそらく意外に思われるこの主張には、すぐに説明を加える必要があるだろう。

ゼムパー　建築芸術の四要素

　先ほど触れた著述家たちは、詳細に徹底して芸術のはじまりを調査することに専心しており、そこから建築の在り方の差異を推論するすべを心得ている。彼らの研究で無視できない役割を演じているのが、遊牧民のテント張りの屋根である。彼らは鋭い感性で、テント張りの屋根のカテナリー曲線に、タタール的・中国的な建築方式の規範を見抜きながらも（この民族の帽子や靴にも同じ形式が見出されるのではあるが）、より一般的でずっと疑いの少ない影響を見落としている。それは、絨毯が、その**仕切り**（Wand）としての、つまり、垂直の遮蔽手段としての特性によって、特定の建築形式の展開に与えた影響である。そういうわけで私は、絨毯壁面が芸術の一般史において非常に重要な意味を持っていることを主張するにあたって、権威の助けを何ひとつ借りることはできないと思う。

　今日でも、幼い段階にある民族が、目覚めたばかりの芸術的感性を（まだ何ひとつ身にまとわずに暮らしている場合でさえも）、早くも筵や覆いを編んだり織ったりする働きに向けていることは、よく知られている。

　垣根、つまり、立木の小枝を互いに編んだものは、最も原初的な柵、あるいは空間隔離の手段として、また、最も未熟な編み細工として、あらゆる未開部族にとって馴染みのものである。陶工術だけが、**おそらく**いくらかの正当性をもって、絨毯織りと同じくらいに古い来歴を主張できる。

　小枝を編むことから容易に、靱皮を編んで筵や覆いにするという着想が生まれ、それからさらに、植物繊維を用いた織物、

等々を思いついたのだ。最古の装飾は、編み合わせたり結び合わせて造形されたものか、または、ろくろと指で柔らかい陶土に簡単に施されたものであった。編んだ柵を非所有地から所有地を隔離するために用いたり、敷物としての筵や絨毯を日射しと寒気を遮断するために、また、住まい内部の空間を隔てるために用いることは、ほとんどの場合、特に気候的に恵まれたところでは、石積みの仕切壁^{Wand}にはるかに先立っていたのだ。石積みの仕切壁は、基壇の石積みから発生しまったく異なる様式条件のもとにある石工術が、壁面仕上げの領域に介入したものである。

　編んだものが仕切壁の起源であったので、のちに、軽微な筵の仕切りが日乾煉瓦や焼成煉瓦、切石を積んだ固定したものにかたちを変えたときにも、編んだものによって、実際に、あるいは少なくとも理念的に、その初期の意味の重要性、つまり、本来の仕切りの**本質**が保持された[34]。

　絨毯は、壁面、つまり、目に見える空間の境界であり続けた。その背後に、しばしば非常に堅固な壁体が不可欠になったのは、他の目的、つまり、構造上の安全、耐久性の向上等といった空間的なものとは関係のない目的からであった。

　このような副次的な目的が生じなかったところではどこでも、絨毯が唯一本来の隔てる手段であり続けた。そして、固定した壁体を築くことが必要になった場合でさえ、壁体は、壁面を真に正統に代表する多色織り絨毯の背後に隠れて、見えない内部の骨組みをなすに過ぎなかった。

壁面は、起源の素材以外のものに替えられたとしても、その意味を保ち続けた。壁面により優れた耐久性を与えるため、またはその背後にある壁体をよりよく維持するため、あるいは節約のため、反対に、より豪華さを加えるためなど、どのような理由で替えられてもである。

その種の代用品を人間の発明精神は様々生み出した。そこではあらゆる分野の技術が次々に求められた。

最も普及しているおそらく最古の代用品は、石工術が提供した手段で、スタッコを塗る、あるいは、そうでない国々では、アスファルトを塗るというものである。木工は、壁面の特に低い部分に備え付けるパネル（πίνακες / 板）を作り出した。

火を扱う職人は、釉薬を施したテラコッタ[35]と金属プレートを提供した。最新の代用品と見做し得るものは、おそらく、砂岩や花崗岩、アラバスター、大理石でできたパネルである。我々はこれらが、アッシリア、ペルシア、エジプトにおいて、そしてギリシア本土においてさえ、広く使われていたことを知っている。

模像の性格は原型のそれにずっと従ってきた。木、スタッコ、焼いた陶土、金属、石、これらに施された絵画や彫塑は、太古の絨毯壁面における色彩豊かな刺繍飾りや格子模様を模倣したもので、ずっとのちにそれが無自覚に伝わる慣習となっても、そうしたものであり続けたのである。

東洋的なポリクロミーのシステム全体は、最古の建築芸術におけるパネル張りや被覆の在り方と緊密に結びついており、あ

る意味でひとつであった。それゆえに、その着色術と浮彫り彫刻も、勤勉なアッシリア人の織機と染色釜から[36]、あるいは、アッシリアの先住民が有史以前になしたその種の発明から生じたものだった。

とにかく、アッシリア人は極めて忠実に、このモチーフを起源の状態に保ち続けてきたと見做してもよい。

人類最古の文書において、アッシリア人による絨毯製作が、色彩の華麗さ、そして、幻想的な図柄を織り込む技のゆえに賞賛されている。そこに描かれた神秘的な動物、龍、獅子、虎、等々についての記述は、今日なおニネヴェの壁面に見られるものと完全に一致している。この比較がもっと可能ならば、単に対象だけでなくその扱い方においても、絨毯と壁面のあいだに完全な一致が認められるだろう。

アッシリア彫刻の展開は、明らかにその起源によって課された制限の内にとどまっていた。新しい素材によって対象を背景から際立たせる新しい手段がもたらされても、そうであった。そこには写実性を目指す努力が認められるものの、限界があった。この限界は、階級的拘束によってではなく、専制的な王室の典礼という枠組みとならんで、とりわけ、彫刻とは無縁な技術が偶然持っていた特性によって定められていた。起源の技術の記憶がなおそこに作用し続けていたのである。像の姿勢に動きはないが、純然たる文字と化すほど硬直しているわけではなく、ただこわばっているだけである。それらの像は全体として、すでに、というよりは、**依然として**、名高い歴史的偉業

ゼムパー　建築芸術の四要素

アッシリアの浅浮彫り：Austen Henry Layard, *The Monuments of Nineveh*, London, 1849, pl.12（The King Standing over the Prostrate Bull）.

または王室典礼などを具象的に扱うもので、エジプトの彫像とは違っている。エジプトのそれは、個々の出来事を永遠に伝えるための単なる手段であり、描かれた年代記である。像の配列においても、例えば像の頭の高さを揃えるというような点において、アッシリアのものはエジプトのものよりも際立っている。糸で囲われたような鋭い輪郭、筋肉の硬い表現、アクセサリーと刺繍の多用、これらは像の起源を証言しており、誇張されてはいるものの、その手法が生命を失っていないことを示している。その顔には、内面の魂の状態を表そうという芸術的試みの跡など一切認められず、変わらぬ微笑みのもと、いかなる個性も表現されていない。この点でそれは、エジプトの彫刻作品よりも遅れており、ギリシアの初期作品により近いものだ。

　狭義の壁画も明らかに同じ技術によっている。レヤードによれば[70]、ニムルドの壁画には力強い黒線が織り交ぜられていて、それが輪郭をなしている。地は青か黄色である。画面のフ

リーズのような縁飾りもまた、そこに綴られた碑文によって、絨毯との技術的親近性を示唆している。楔形文字の特性はまったくこの技術に適ったものだ。針仕事にとって、これ以上に都合のよい綴り方を発明することができるだろうか。

　かつての絨毯に取って代わったこれらのものと同時に、絨毯が戸口や窓のカーテンなどとして、非常によく使われていたということを、装飾豊かな固定用リングが示している。また簡素な床板張りも、そこに同様に絨毯が敷かれていたことを教えている。

　絨毯はまた、モザイク芸術のモデルでもあったが、この芸術は最も長期にわたってその起源に忠実であり続けた。

　石膏パネル張り上方の内壁面は、周知のごとく、軽く焼かれ、釉薬を施された、あるいは、よく言われるところのワニスを塗られた煉瓦で仕上げられていた。それらは、一面だけに釉薬がかけられており、彩色された装飾で覆われていた。この装飾は、煉瓦の形にまったく対応しておらず、あらゆる方向に広がっていた。ほかにもいくつかのしるしが、釉薬を施すときに煉瓦は水平に置かれていたに違いないことを証明している。要するに煉瓦は、まず水平に並べられ、そして装飾され釉薬をかけられた後、最後に並んだかたちのまま日乾煉瓦の壁体を被覆するために使われたのである。これはまた、釉薬が一般的な被覆であって、その理念に従って、施す材料に左右されないものであったことの証拠である。後期ローマまたは中世になってはじめて、色付きの石を壁自体に図柄を施すために利用するよう

になったのだが、こうしたことは芸術最初期の時代にはまだ着想されていなかったのだ。

アッシリアの宮殿下部に彫刻を施された石のパネルが現れることを、のちの石造構造物への第一歩と見做すなら、ムルガブとイスタフルに存在する有名なペルシアの記念建造物における[71]、この方向への明らかな進歩が大いに参考になる。そこの大部分が剥き出しの煉瓦からなるかつての壁には、大理石の隅柱だけが戸口と窓の枠と一緒に残されている。それらは無傷であったが、パネル張りの考え方をなおはっきりと示すような溝が彫られていた。煉瓦壁はこの窪みにはめ込まれ、おそらくは木製の、あるいは絨毯の被覆の下で、大理石支柱に繋がっていたのだ。

エジプトの記念建造物ではすでに、壁面本来の意味はよりぼやけている。太古のものであれ、とにかくより古くより素朴な文化状態の残骸の上に組織されたエジプトの階級制度が、壁面の起源を示すモチーフを石に刻まれた象形文字(ヒエログリフ)へと固定したのだった。しかしそれでもなお、壁面本来の意味は十分多くのものにはっきりと読み取れる。切石積みの壁はそういう壁として現れることはなく、内側同様に外側も、あたかも描かれた絨毯で覆われているようである。それゆえに、切石の接合部は、精確ではあるが規則的ではなかったのだ。それは一般的な被覆で覆われるどころか、花崗岩による被覆で覆われることさえあった。この太古の花崗岩被覆は、例えば、カルナックやピラミット内部およびかつてはその外部にも施されていたのであるが、

それ自体、アッシリアのパネル張りに相当するものである。

　エジプト建築の自由にできる数少ない建築的要素のひとつにも、壁体にパネルを張るという太古の原則が、注目すべき仕方で現れている。つまり、壁体量塊の鋭い角を丸め縁取っている棒状の要素のことである。これは本来、薄板状の被覆の接合部を隠すためのもので、そうしないと拙いことに、この接合部は着色された量塊表面の縁に沿って容易に現れてしまうであろう[37]。

　エジプト神殿の円柱には、絨毯を巻かれてひとつに纏められた葦束の外観をしているものがある。

　墓室の壁画にも絨毯の模倣がはっきりと明白に現れていて、そこに描かれた装飾・服飾の多くを色彩豊かな編み細工と首飾り(Latz)が占めている。

　同様にこの壁画は少なくとも、糸で囲われたような諸部分の輪郭に、また、細かい刺繍模様と色彩との豊かさに本来の性格を維持していた。

　中国の建築芸術は原始の時代からずっと変化しておらず、そこでは、4つの建築的要素が極めて明瞭に区別されたまま並存している。仕切り(Wand)はその本来の意味を維持した状態で、いまだに屋根と壁体から自立している上に、その大部分が可動である。建物内部をこうして区画している仕切りは、外壁と同じく

ゼムパー　建築芸術の四要素

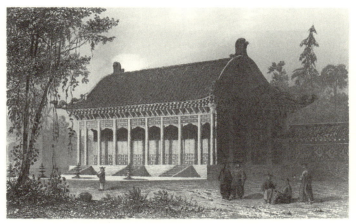

北京の皇帝謁見広間：M. G. Pauthier & M. Bazin, *China moderne; ou description historique, géographique et littéraire,* Paris, 1853, pl.13.

真の構造とはほとんど関係を持っていない。外壁は、煉瓦造りではあるが中空であり、葦を編んだものや絨毯で被覆されている。

　これらのことが、古来の漆喰塗り、一般化した見事なポリクロミーとならんで、中国でいかに支配的であるかについてはよく知られている。

　そこから、今日なお十分通用する教えや、古代世界の状態についての情報を相当引き出すことができる。

　インドでも我々は似たものを見出す。そこでは今なおアグリッパの時代と同様に、漆喰を塗り、色彩を施すことが広く行われている。さらに古代アメリカの建築物においてさえ、我々は同じ現象に出会うのである。

フェニキアとユダヤに関わる古代の痕跡が何も残されていないとしても、聖俗の諸書物に含まれるこの同系の両民族の名高い建築物についての記録が（たとえ曖昧で多様な解釈を許すとしても）、この論題に対する非常に明白で興味深い証拠を提供してくれる。金で覆われた支柱、色彩豊かで光沢ある絨毯の垂れ幕、織物や皮革からなる4重の覆い幕、これらを備えた名高いモーセの幕屋を知らぬ者があろうか。この天幕状の聖所がソロモンによって、巨大な下部構造をなすモリヤ山の頂の上に、石と杉とで模造されたのである。そして、そこに被覆されずに残されたものなど何ひとつなかったことが、はっきりと讃えられている。内部に関しては、聖なる空間のことごとくが金で覆われていた。

　この記録には壁面仕上げをめぐる完全な歴史が含まれている。ここに簡潔に示されている事柄で十分ならば、有史以前のあらゆる民族において、壁体を被覆するという習慣が一般的に広まっていたことを、さらに証明する必要もないだろう。

　壁面をパネル張りにしたり、被覆したり、多彩な絨毯のように飾ったりすることが一般的に広まっているなかで、他民族の伝統に立脚した芸術を有するそのギリシア人が、少なくともそうした慣習の大部分を保持しなかったとすれば、それは不思議なことに違いない。こうした慣習は必然的に、あの2つの芸術に成熟を促したであろうから、ますますそう思われるのだ。周知のように、それらの芸術においてギリシア人は最も偉大なものに到達した。浮彫り彫刻と絵画である。ギリシア人は、これ

らの芸術のために、彼らの先祖ペラスゴイ人の誇りであった基壇の建造とそれに従属する切石の構造とを軽視し、より高度な建築芸術において、それらに本質的な位置を与えなかったのだ。

神殿内陣やその前後室壁面にパネル張りを用いることにギリシア人が親しんでいたということだけでも、この事柄を支持する材料となる。こうしたパネル張りの用法は、古代に関わる多くの記述から、また、現存する記念建造物に残された若干のしるしからも推定できる。それがプリニウスの言う πινακες、tabulae であって[72]、偉大な芸術家はもっぱらそれに作品を制作したのであった。これは、最古の時代には木製被覆を用いていたので、トウヒのパネルのことであったが、のちの蝋画(エンカウスティック)の時代には木製ではなく、大理石ないしは象牙でできたものだったに違いない。(確かにテラコッタの鉢皿もまた πίνακες と呼ばれた。) キケロは、シュラクサイのミネルヴァ神殿から非常に見事なパネル画を奪い去ったウェッレースを糾弾する演説のなかで、これに言及している。(His autem tabulis interiores templi parietes vestiebantur.:ちなみに、神殿の内部の壁面がこれらのパネルで装われていたのです。)[73]

同様に、着色された彫塑作品に充てられていた神殿の外表面も、その造りはすべてパネル張りであった。ペディメント、メトープ、フリーズがそうであったし、ἐρύματα すなわち円柱間の胸壁も、これに対応する内陣の低い部分のパネル張りとともに、このような造りだった。

同じころか、あるいはむしろより早い時代にすでに、構造部

分にスタッコ被覆を施すという原則が一般化していた。大理石神殿を唯一の例外として、古代の石造神殿にこの原則が適用されているのを[74]、我々は見出す。大理石神殿でスタッコ被覆が不必要となったのは、大理石自体が天然のスタッコであったからである。大理石の使用が新しい着色技術の採用に結びついたという可能性については、上述した。

　結局、すべてに着色が施されていたのであり、裸の石のまま残される部分はなかったのだ。これについての証拠は、先行する2つの章にまとめておいた。

　私の主張をもう一度要約しておく。ポリクロミーは、太古において住まいを心地よく設えるにあたり、壁面仕上げ工の技術が石工のそれよりも支配的であったことから生じた。石工の技術は量塊的な基壇の石積みにおいてのみ、自立的に独自の作品を目に見えるかたちで示すことができた。アッシリアやメディア、バクトリアでは、最外縁に位置する塁壁の石積みでさえ、その基壇状の下部構造を除いて、浅浮彫りと絵画で豊かに飾られていたのだ。このことは、ヘロドトスやディオドロス、ストラボンなどによる、よく知られた報告から明らかであり[75]、今日、大英博物館にあるアッシリアの浮彫りのプレートにはっきりと見ることができる。そこには堅固な城塞が描写されていて、その外壁の最下部にのみ切石積みを見せている。これは、ニムルドとコルサバードの遺跡に確認できるものだし、パサルガダエやペルセポリスの遺跡、エジプトの神殿でも確認できる。ギリシア本土にさえ同じものを見出す。例えば、パルテノンは

エレウシス産の美しい切石積みの基壇上に建っているが、そこだけが彩色されていない唯一の部分であった。

　時代が下ってはじめて、壁体の構造要素、直方体をした切石のかたち、構造材の性質、これらが、建築物の主要部分、主に外壁において装飾的要素として利用されるようになった。それはまずローマ時代より前に遡ることはない。それ以前には、極めて貴重な素材にさえ、つまり、カルナックの花崗岩の部屋、ニネヴェのアラバスターのパネル、象牙のパネルと象牙の像にさえ、それどころか、神殿の円柱と同様に壁面にも見られる色彩の継ぎ目をなす塗金や、雪のように白いペンテリコン産大理石でできたパルテノンの見事な彫刻作品にさえ、彩色被覆が施されていたのだ。

　それでも内陣のみで構成される簡素な神殿の場合、ときおり壁体をキュクロプス式として、そこにスタッコを施さずにおくということもあり得ることだ。こうした現象は、祖先の土の小屋に対する古風で象徴的な記憶として説明できる。その小屋の基壇は、屋根に直接結びついていたのだろう。クーグラーがパウサニアスから引用しているアンティキュラの神殿は、もしかしたらこのような例にあたるのかもしれない[76]。しかし、すべては非常に不確かである。また、パウサニアスのなかに強いて類似のものを探す必要もない。彼はそのすぐ後で、不規則な石積みで築かれた別の建築物に言及しているのだ。もしかするとパウサニアスは、アンティキュラの神殿内部のスタッコ塗りを、ほかの諸神殿で彼が見出したパネル張り、あるいはそれに

類するものと対照させているのかもしれない。建築物の材料の性質を強調する彼の癖については、すでに周知である。

古代芸術は起源へと再び戻ることで円環を完成し、その道程を終えた。つまり、それはビザンチンの絨毯刺繡をもって消滅した。古代芸術の産着は埋葬の衣ともなったのである[38]。

この壁面仕上げ工の領域への脱線につづいて、ギリシア盛期のポリクロミーという本論文の最初の出発点に立ち返る前に、もう一度建築芸術の四要素へと戻っておく必要がある。

上述したように、人間集団が、気候や地勢などの極めて多様な影響のもとで、様々なかたちで形成されたのに応じて、この四要素の組み合わせも別々の状態で形態化される必要があった。

早速、はじまりから想定してみることができる。はじまりにおいて人間は、ばらばらの小さなグループとして現れ、もっぱら風雨から炉を保護しなければならなかった。そこでははじめ、所有権は存在しなかったか、あるいは特に争われることがなかった。そして、痩せた貧しい土地に住むばらばらのグループの同盟として国家が形作られた。遊牧民あるいは未開の狩猟民である。ここでは、建築芸術における3つの防御的要素のうち、屋根が圧倒的に重要であったに違いない。それは最も原初的な形式における持ち運び可能なテントであったか、竪穴に被せられたものが徐々に地面上方に持ち上げられたものだった。家庭生活は、苦労と闘争に満ちた野外の自然のなかでの生活とは対照的に、この小屋のなかで育まれた。小屋はそれ自体で完結した小世界となった。優しい陽光だけが壁体に残された開口から

自由に入ってくる。家族は家畜たちと同じ屋根の下で風雨をしのいだ。小屋は、定住を促す川の流れに応じて、原初的な自然景観のなかでばらばらに、あるいは不規則なグループをなして存在していた[39]。

やはり、ここでも状況は変化する。小屋の拡張と防御という原則を明確に示すようにして、こうした建築方法の特性の全貌が現れるのだ。

すなわち、屋根が自由で非対称なグループをなして繋がり、主要部分がそれぞれに屋根を持つようになるか、または多層建築を形成するようになるか、さらには両者が併存するようになるのである。

定住地がそこを追われた原住民によって脅かされていれば、建物は閉鎖的になる。また、部族内で抗争していたり、財産が強者の栄光となりはじめたところでは、塔、すなわち、高く堅固な下部構造上に築かれた多層建物が生じる。この塔の居住者の周りに、保護を求める弱者、つまり、自らの力に頼むことのできない住民が集まって、領主権の行使がはじまるのである。こうした建築方式に認められる傾斜屋根、多層構造、外壁に開けられた窓からもれる内部の照明といった性格は、常に構成上の不規則を残したままである。これは極めて純粋なかたちで、今日に至るまで、北ドイツ、オランダ、ベルギー、イギリス、北アメリカのサクソン系入植地で維持されている。支配的な2つの要素は基壇と屋根である。それでも、多層建築の第一層は、壁面を仕上げることと密接に結びついている。

暖かい地方や、ともに働かなければ豊富な収穫を得ることができない国々においてはじめて、その定住地に、もはや単に受動的でも防御的でもない、能動的な自然に対する働きかけを認めることができる。

　その国の富は大地と水から苦労して手に入れなければならなかったので、国が大規模な共同作業に向けて結束することが必要であった。大規模な国家的建設事業は人々を外的に結びつける紐帯となる[40]。

　ここでは建て方が発達する。それを手短に言えば、小屋建築とは対照的なものとして、中庭建築と呼ぶことができる。

　しかしながら、こうした状況下で人間的関係が何の妨げもなく自発的に発展することなど、滅多に、もしくはまったくあり得ないことだった。

　共同体の努力が自然を克服することはまずなかったので、未開で貧しい部族は自然の恵みを求めたが、それから身を守る必要もあった。

　自然から定住地を守るための処置によって建物に手を加えねばならいにしても、それがうまくいっていたあいだは、建物の自発的で自立した展開が阻まれるということはあり得なかった。しかし、侵略者が定住地を狙うようになったとき、状況は一変する。

　防御を固めた陣営において第三の原則が発展したのである。侵略軍は小屋に住む部族の若者たちからなっていたが、彼らは服従と防御術という原則に従って、野営地で指揮官の周りに集

まり、彼らの小屋を結合して、規則性、明快さ、機能的構成、堅固さを標準とするいくつかの建築形式を生み出した。

外的形態に親近性があり類似しているとしても、両施設はその基本原則において非常に異なるものだった。

同じ差異が、豊かな所有地ないしは聖職者の位階制に支えられた土着の安定した君主制と、侵略に基づいた総督(サトラップ)による軍事的専制のあいだに存在しており、これは、両体制下でつくられたものにはっきり示されている。この差異は、(いつものごとく)拡張・成長の原則において特に明らかである。

土着の支配者は偉大さをゆっくりと増し、その建物も要求が増すとともに、一部は部屋の付加によって、一部はとりわけ内部の組織的展開によって成長していく。

総督(サトラップ)や封臣の偉大さは、これとは対照的に、主君から賜ることで突然生じるものである。その建物は、はじめから高い地位にふさわしく完成しており、主君の宮殿を小さなスケールで引き写したものである。拡張は、似通った構成単位を外的に結合することによってのみ可能である。

前者において、簡単なもの、小さなものが発展して、大きなものが形成されるように、後者においては、大きなものを不具にして、小さなものが形成される。しかし、この敵対的な時代の最中にすぐに硬直化が起こらなかったところでは、中国でのように、柔軟性のない軍隊的な原理は何らかの新しい建築モチーフが典型として確立された後に一掃された。それは封建制度が時代遅れとなって、その原初的な(社会主義的・共産主義

的)意味を失ったのと同様である。

　小屋に住んだこのような部族が、早い時期に勝利を収めたということによって、ほとんどの南方の主要民族における祭祀が、小屋の切妻屋根を示す形式と結びついているということを[41]、説明できる。そうでなければ、中庭建築が支配的となるのである。

　民族学は、社会的存在としての人間に内在している建築本能が独自に展開した注目すべき4つの事例を、ギリシア発展以前の時代から提供してくれる。それは、**中国、エジプト、アッシリア、フェニキア**の事例である。

　中国建築は今日なお実際に建てられているものであるが、これは、未開人の小屋を除けば、モチーフの点で我々の知る最も原初的なものだ。そこでは既述のように、建築芸術における3つの外面的要素は互いに厳密に切り離された状態にある。精神的あるいは倫理的要素である炉については、これからそれをより意味深く、祭壇と見做して論じていくが、中国建築において、これが生気に満ちた中心をなすことはない。

　この様式は、侵略されることになる土地に未開部族だけが住んでいたような時代のタタール人の宿営に由来しており、土着の要素で豊かにされることもなく、外的影響からも孤立して、5000年ないしは6000年前の状態から変わらずにあるのである。

　ここでは、新しく中庭やテラス、別棟(パヴィリオン)を加えたり、柱間の数やその寸法を増したりすることによってのみ、建築物の重要性を高め得る。

ゼムパー　建築芸術の四要素

エドフのエジプト神殿（B.C. 237-57）：J. Gardner Wilkinson, *The Manners and Customs of the Ancient Egyptians*, vol. 3, New York, new ed. 1878, vignette O.

　ポリクロミーに関しては、それは古代アジアのシステムを示す興味深い事例を与えてくれる。これはエジプトの色彩システムと対比可能なものだ。

　エジプト建築は、階級制によって固定されてしまう前に、それ自体とそれが根付いた土壌から、何ものにも妨げられずに組織的に成長したものである。

　はじめに、代表的地方神である聖獣の檻が、共同体の祭壇をともなって、簡単に囲まれた状態で、ナイル河岸の堤防上に存在していた。祭列は、ここから始まり、ここで終わっていた。この祭列を目的に巡礼者が集まった。聖域が知られて群衆が押し寄せるようになると、最初の中庭を取り囲むか、それに隣接するかたちで、第2の中庭が付加された。そして同時に、祭儀

を建築物内部で行う要求が高まった。中庭は、はじめは特別な機会にだけ絨毯や帆布の覆いが掛渡されていたが、のちにもっとしっかりと覆われて、その諸部分が小部屋や宝庫として区画された。さらに、いわば聖なる檻を表象させる入口が[42]記念碑的に強調されることによって、内部に隠れた聖域の重要性が力強く示され、遠くから巡礼者を引きつけるようになった。また、聖域の境界をはるかに越えて、祭列の採るべきルートが示された。

　聖域の重要性が増すのにともなって、壁体で囲まれた中庭が新たに付加されていった。その大きさと高さとは、聖域の評判に比例して大規模になった。

　外部で新しい諸部分が次第に豊かに分節されていくあいだに、建物内部も展開している。

　神室ないしは聖なる檻を含んだ空間は、かつては覆われず、のちになって覆われたのであるが、はるか昔から存在していたこと自体によって、すでに聖なる畏敬の対象となっていた。そこが神殿本体（ἡ νεώς / ナオス）となり[(77)]、その正面入口前は、（名高い巡礼地を抱え、神職を受け継いできた都市国家(モメス)の長老たちによる）共同体の特別な評議の場に使われ、神殿本体に最も近い前庭として覆われた。この覆いははじめは単にリンネルを水平に張ったに過ぎなかったが、より大きな前庭ではこれを支えるために早くも円柱が必要とされた。

　同時に、こうした前庭に集まって内部の出入口から祝祭行列が進み出てくるのを待ちわびている巡礼者を保護するために

ゼムパー　建築芸術の四要素

(はじめは暫定的に)、日除けがその内壁面に沿って円柱や支柱の上に張り渡された。また、祭列自体の保護のために、布地が中庭中央部を縦断するかたちで比較的高い円柱上に張り渡された[43]。

　比較的大きな諸中庭は、神官たちが高く担ぎ上げる神像の中央通路であった。中庭の覆いはこのことを考慮して、その周辺部ないしは中央部に、あるいはその両部分ないしは全体にひとつに張り渡された。これらがのちに記念碑的なものへと発達していくのに応じて、空間を隔離する見事に分節された諸形態のすべてができあがり、以後何ひとつここに加えられることはなかった。建築芸術を理解するためのこうした研究は少なくとも、そこで用いられた、支え、支えられ、囲い込む、それぞれの部分の分節、比例、装飾を理解するための研究と同じくらい重要であるのに、今日の芸術学者はたいてい、前者を等閑にし、後者を偏愛して、全体の空間的成り立ちよりも部分を扱う研究に没頭した。

　エジプトの地勢を一瞥して自ずと理解できることは、この国最大最古の建設事業が、耕作可能地のために堤防を築き、灌漑し、排水することと結びついていたに違いないということである。

　にもかかわらず、この才能豊かな国民における土木技師の仕事は、より高度な芸術に関しては、神殿における基礎工事、それ以外では素材の提供、それも、そこでは支配的になり得ない素材の提供という範囲に限られていた。

砦を築く際にも、その量塊性の発展が目指されたことなど、ほとんど、あるいはまったくなく、せいぜい若干の象徴的ないしは装飾的な形式が生み出されただけであった。エジプトの都市が防御を固めたことなど一度もないのである。

　したがって、エジプト人の建築芸術は、主として柵囲いと我々が呼んでいる要素に由来していたのであり、それには既述のように、壁面仕上げ工、その後を継いだ画家や彫刻家といった職人集団(ツンフト)が何よりも関わっていた。

　他の要素である屋根は、二通りの現れ方をしている。第一に象徴的に、ときおり神室(セコス)のピラミット形屋根飾りとして現れ（私は、謎に満ちたエジプトのピラミットを、巨大な神室屋根と見做したい気持ちに駆られる）、第二に、中庭空間の平らな覆いとして現れるのである。こうした場合では、屋根は外側に現れなくなり、その内側を壁面仕上げ工の領域に委ねることになる。屋根は、最も原初的なモチーフに従えば、帆布を広げたものとして、すでにこの領域に属していたのである。エジプトの円柱が外側にオーダーとして現れることがなかったのも、このような状況による。円柱は、ただ内部を支持するものとして、このひとつの目的のために集まってともに働いた。さらにときとして、円柱は、例えばカルナックの列柱廊を備えた中庭がそうであるが、並木道をなすように、梁で繋がれずに並ぶことさえあった。そこでは、梁の代わりに、軽やかでおそらくは非常に見事なヴェールが、空中高くはためいていたのだ。

　エジプト芸術におけるさまざまな形が、象形文字(ヒエログリフ)へと封じ込

められたのと同様に、そのポリクロミーが持つ色彩の響きは、色彩の言語以上のものになることを許されず、旋律的で東洋的な色彩の戯れとは対照的に、明瞭で節度ある色彩の韻律を守らねばならなかった。

　空間的関係の独自の形態化を示す第三の事例は、最近になってはじめてある程度理解されるようになったもので、エジプトの事例に劣らず興味深いものである。

　ここで簡潔に、文化の中心地メソポタミアについて、若干のことを述べてもよいだろう。そこはエジプトに大変よく似た地で、建築芸術は、ごくはじまりにおいては、自発的に発展する時間を与えられたエジプトの建築芸術とほぼ同じ歩みを辿ったようである。

　しかし、エジプトで、何ものにも妨げられずに成立したものが、土着の貴族制度のもと、階級的な形式をとって硬直化しているあいだに、メソポタミアの地は、太古より他国からの侵略に曝され、侵略者の所有となり、戦いをともにした者たちに封土として配分された。

　侵略者は、自らの部族的特性をまったく放棄することなく、被侵略者の習慣や贅沢さに染まったが、この混合状態から新たな有機体が成立するかしないかのうちに、次の侵入が続いた。これが、ほとんど日常の自然現象のように、規則的に繰り返された。

　また、他民族とのあいだの商取引と活発な往来が、この地の習慣に早いうちから、より実践的・感性的で柔軟な傾向を与え

たと思われる。セム系民族はおそらく、すでに生来、農耕を営むエジプトの部族よりも、このような傾向が強かったのである。

エジプトでは、建築形式の基本理念は巡礼の場に結びついており、それが徐々に拡張することによって発展した。これと同様にアッシリアでは、この基本理念は王宮に結びついている。それは（芽生えて成長したものではなく、軍司令官の宿営のように整然としたものであって）、大規模なレベルでは、王宮の周りに造られた巨大都市のモデルとして、小規模なレベルでは、封臣や陪臣の城塞からその最小の構成単位に至るまでのモデルとして利用された。

ここには、特異な入れ子の原理が表れており、規模が異なり形式を同じくするこれらの単位は、互いを包み込みながら、一緒になって同種のより大きな単位をなしている。

アッシリアの建築様式で、土着のものと見做し得る要素について問うならば、基壇がとりわけ注目される。それは最初の入植地において、水路や堤防、基礎に活かされる必要があった。また、それは砦において、柵囲いという第2の要素とひとつになった。おそらく太古以来、この民は壁面仕上げにおいて優れていたに違いなく、それが彼らの商品となり、富の主要な源泉となった。

これとは対照的に、屋根は、その地の気候と木材不足から、おそらく副次的な役割しか演じていなかった。木材はパネル張りや天井、円柱にしばしば用いられることがあったものの、この事情に変わりはない。

ゼムパー　建築芸術の四要素

　起源において、これらの要素が、祭壇に対してどのような関係にあったのかについては、もはや見極めることができない。なぜなら、のちに拝火教を信仰するペルシア人の支配を受けたときのように、それよりも前にも確かに、他国の支配によって、まさにこの点が根本的に変わってしまったからである。

　最古の文書では、アッシリアの段状ピラミットは、国家的建築物として、また、繰り返し襲う自然現象の脅威から逃れるために基壇の建造を頂点まで推し進めた結果として、叙述されている。それでも、それはおそらく、他国の手法が導入されたものと見做し得る。

　そもそもヘロドトスや他の古代の著述家が叙述するところによれば、それは本来の目的物である墓あるいは神殿の巨大な下部構造以上のものではなかった[78]。

　コルサバードとニムルドが発見され、似たような建築物を描写したものが見出されたことによって、この推察はより確かに根拠づけられた。またそれらは、ヘロドトスの記述にある神殿が、切妻形式で正面に円柱を備えたものであったことも裏付けている[79]。こうして我々はここでも、この形式によって最も神聖で崇高なものが表されていることを知るのである。

　小神殿を頂く巨大なピラミット状の正方形平面の下部構造は、方向性に欠け[44]、支持されているものと支持しているものとが不釣合いなため、不可解なものになっており、芸術的意味において記念建造物の名に値するものではなかった。またそれは、見事に分節された広範な基壇システムによってまわりを囲まれ

てはおらず、このシステムにおける中心ではなく、支点をなしていた。

　基壇システムの全体は、広大な縦に長い四角形をなす嵩上げされた台地の上にあって、壁体で囲まれ、塔、鋸壁、門、外部階段を備えていた。その内側には奴隷と租税を納める下層民とが天幕に宿営し、さらに内側の台地上には第2のペリボルスが立ち上がっていた[(80)]。背の高いアーチ門が、またしても塔と鋸壁とで保護されたこの区域内へと通じ、その壁体も、第1のものと同様に金属や彫刻作品、色彩で輝かんばかりであった。ここで騎士階級の若者たちが日々訓練し、杉円柱で支持された背の高い多柱式ホールには人々が国事や子弟教育のために集まった。

　このように城壁が幾重にも取り囲み、そのそれぞれに完結したより小さな単位が内包されていた。こうした効果は、統治者の真の居所に向かって、つまり、謎の巨大獣像に護られたあの意味深長な門(Pforte)に向かって[45]、高まっていった。我々はそれらの驚くべき獣像を、もしかすると貧弱な例に過ぎないのかもしれないが、ルーヴルや大英博物館で実際に目にすることができる。統治者の居所には、大規模な応接の間(セラムリク)[(81)]、あるいは謁見と審理の間があった。それはしばしば100本ないしはそれ以上の円柱からなる多柱式広間で、玉座を高く据え、前室と付属室で取り囲まれていた。そこから再び基壇を上ると、君主の私的なパヴィリオンへと通じていた。それらは日陰になった庭園内にばらばらに建っており、それぞれが規則正しい正方形をな

し、同じく正方形の多柱式広間を包含していた。またそれぞれが、見事に飾られた階段でアプローチする台地を備えていた。この豊かに分節された基壇状建造物は浮彫りに描写され、ヘロドトスやディオドロスが書き留めているように同時に多層建築でもあったのだ⁽⁸²⁾。基壇を支える厚い壁体に挟まれた細長い管状の通路も上部の空間に劣らず居心地のよいもので、そこは(ディオドロスが記述し、ごく最近になって目にすることができるようになった)見事な装飾を備え、夏の日中の暑さから逃れて涼をとるのにも適していた[46][(83)]。

これらすべての上方に君臨して、ピラミットが高く聳えていた。その段状テラスは植樹され、螺旋状に上って行く幅広い外部階段を備えていた。最上部には、民族の始祖を祀る廟墓があった。被征服民にはこの始祖が神として押しつけられ、その神殿本体の内部では、太古からの土着の女神メリケルタを娶る身代わりの儀式が夜毎行われた。

これもまた一緒に、獣園や草木で取り囲まれ、その中に織り込まれていた。庭園は基壇の最上層にまで及んでいたのである。また、そこの日陰になった通路が、孤立して建つ統治者の住まいとしてのパヴィリオンを繋いでいた。水力を利用した装置、池や水路、プールや噴水は園に活気を与えた。

これら全体を通して、南方の中庭建築が、どれほど北方の城塞建築の様々な名残りと混ざり合ったのか、また、どれほど森に覆われた故郷の山地に対する文化の担い手たちの記憶と混ざり合ったのかが分かる。

そして、(下位の統治者が自らの城塞の建設において君主の宮殿というモデルに従ったように、)こうした諸要素から、君主の決定によって突然と都市が造り出されたのである。都市というものはその全体にわたって、同一の基本的な諸着想を反復したものであった。王の城塞と都市との関係は、聳える段状テラスと個々の宮殿との関係であり、ニヌスの神殿はその全体を眼下に見下ろしていた[84]。公的建築物、法廷、市場などについては話題にしなかった。国家としてのあらゆる営みは王の城塞内にまとめられていた。3重の市壁がそれを廻り、ちょうど同じ数だけのペリボルスをなしていた。他国との交易は、第1と第2の市壁のあいだに広がるペリボルスで行われた。隊商(キャラヴァン)はそこで、駱駝たちのあいだに天幕を張って宿営した。大きな街頭市場(バザール)と隊商宿(キャラヴァンサライ)には商品が並び、風紀の乱れも広がった。直角に交差する規則的な街路が、一部には(騎馬百頭が並んで通りなお見物人のための余地を残すことができるほどの)法外な幅をなして、宮殿のあいだを結んでいた。だからヘロドトスが、この聞いたこともないような壮麗さと壮大さについて、驚きを一挙に表現せずにはいられなかったことも理解できる。

　土着のモチーフ、気候的な条件、建築素材の性質、侵略者の故郷の名残といったものが一緒にこの建築物に作用してはいたものの、これを真に創造した理念は階級組織をともなう完璧な専制支配であって、建築物はそのありのままの表現となっている。

　従属と並立、そして、**対外的秩序**とが支配的な原理である。

それでもなおここには、モチーフの豊富さ、内部造形の柔軟性、ある程度の可変性が表れている。これは、例えば中国には存在しないものである。

ピラミットの頂に建っていた神殿について上述したが、おそらく、それらはコルサバードのアラバスターのパネルに描写されたものと同様のものであろう[85]。それに従って判断すれば、それらは、イオニア式によく似た完全に発達した円柱オーダーを備えた νάοι ἐν παράςασιν / イン・アンティス式神殿であった[86]。その切妻屋根の上には背の高いアクロテリアが載り、捧物が壁面を飾っていた。

独立円柱のオーダーを外側に配することは、ここでもまだ知られていなかったようである。なぜなら、ペルセポリスに見られるアッシリアの杉の円柱を模倣した見事に分節された有名な大理石円柱が、（6本ないしはそれ以上が並んでいるにもかかわらず、）外部に現れる場合、常に、両端が壁に載った梁を途中で支えるものでしかなかったからである。

列柱で囲むような円柱配置の痕跡は、中庭においても、切妻屋根に結びつくかたちでも見出されない。その代わり、多柱式広間が大きな重要性を持ち、しばしば用いられていたようである。そしてこれが、アッシリア・ペルシアの建築芸術における内部造形の柔軟性についての事例となっている。最初は覆われていなかった中庭が、アッシリア人によって木製円柱で支えられた天井を装備され、さらに、ペルシア人のもとで高価な石材による多柱式広間として完成されたのだ。

ニネヴェの宮殿遺跡には基本形式において同質の単位がいくつも見られ、これと非常によく似たものはペルセポリスにも認められる。そこから、アレクサンドロス伝によって広く知られた、あの君主の住まいとしてのパヴィリオンを思い浮かべるとしても何の疑問もない[87]。

　このように、アッシリア建築の一般像はぼんやりとしたものに過ぎないが、興味深い比較のきっかけを与えてくれる。

　エジプトにおいては、社会的存在としての人間が持つ自然な（いわばまだ動物的な）建築本能は、利口な神官たちによって監視され、地面の上で珊瑚礁のごとく発生し成長するような建築物に繋ぎ留められていた。建築物のあらゆるものは、不可視の中心、いわば女王蜂を指し示す。この不可視の中心の意味は、信者数が増加すること、常により大きくて高い隔離空間が付加されることを通して、ただ間接的にしか示されないようなもので、その意味するところは、神官によって創られ司られている神の栄光を讃えることであると同様に、権力を握った神官階級の栄光を讃えることでもあった。階級制の理念がこの建築物に具現しているのである。

　ユーフラテス渓谷の建築物はかなりの点でこれとは対照的である。

　ここには、自然に埋没してしまうのではなく、自然の束縛から建築芸術を解放しようという努力の最初のしるしが認められる。人は自然美不在の状況のなかで、自然美に対抗し競おうとして果敢にそれを模倣した。それには、あらかじめ自然美が客

観的に認識されていなければならない。こうした客観性にすでにこの努力が表れているのである。ピラミットを建造したエジプトの王たちも同じ努力をしたのであるが、瀆神の烙印を押されることになった。神官派は勝利を収め、以後、類似の建築物が再び現れることのないようにした。

アッシリアのベロスの宮殿にも[88]、エジプトの巡礼のための神殿と同様に、全体に関わる精神的な焦点が存在している。しかし、そうした焦点は、前者では強力な下部構造によって圧倒され、後者では延々と続く前方施設によって隠されている。両者において、焦点自体の意味は失われ、神ではなく、神を定めた者の権力が讃えられているのである。

アッシリア・カルデアに住むメソポタミアの人々と非常に近い関係にあったであろう、セム系のフェニキア人とユダヤ人についても、我々は少し考えてみる必要がある。ユダヤ人は長いあいだ、同系のフェニキア人がすでに堅固な都市を建設し、ヘラクレスの柱[89]の向こうにまで植民地を拡げていたときにも、まだ定住しない遊牧民族であった。彼らはフェニキア人から建築形式を借用した。したがって、フェニキア芸術の本質をなしていたものに対してほとんど完全に無知であっても、古代にソロモンが建てた壮麗な建築についての聖書の記述から、フェニキア芸術に関する信頼に足る結論をいくらか得ることができる。我々は古代ソロモン神殿に関する詳細な情報と、この富裕な王の宮殿に関する若干の断片的な記録を有している。——これらの建築物、特にその神殿がいかに興味深いものかについて

は、これが明らかに幕屋建築から生じていることに関連してすでに注意を喚起しておいた。それは完全にフェニキアの建築物であって、モーセの幕屋を異教的に解釈したものであり、第二戒に対する罪である(90)。なにしろソロモン自身がひどい罪人で、側女を侍らせ、偶像を崇拝していたのだ！　——モリヤ山のそそり立つ岩盤の基壇は、フェニキアの理念としてツロやカルタゴ、カディスにおいて繰り返し表れており(91)、ベロスの塔と類縁関係にあるものだ。さらに、祭司の前庭を設けることもフェニキア的である。この前庭は真っ先に神殿を囲み、レビ人だけが入ることを許されていた。そこは、外形的には存続しているものの実際には崩壊している祭司権力の象徴として、低い木製の手摺だけで中庭の一般部分から分離されていた。これがギリシアの神域 τέμενος のモデルである。名高い2本の円柱ヤキンとボアズもフェニキアのものである。さらには、特に、中庭を周柱式に構成すること、ならびに、周囲に回廊をめぐらせて簡潔な幕屋のモチーフを拡張すること、これらがフェニキア的であった。ここには、フェニキア様式が何ものにも依存しないかたちで現れている。アッシリア人もエジプト人も、のちのギリシアのものと親近性のあるこのような囲われた周柱式の中庭を知らなかった。ここではすでに、あらゆるものがギリシア的形式への移行を予示している。最早、神殿は、祭司によって隠されることなく屋外へと現れ出ているし、王権も、流動的な商業国家では、民の信仰を意のままにできるほど強力ではない。フェニキアのものとして最後に、建造物に対する装飾方法

全般、(おそらくはアッシリア・イオニア式の) 円柱オーダー、金属被覆と青銅の器との豊富さを挙げることができる。

　太古からフェニキア人はギリシア人と交渉があり、ギリシア人は文字言語をはじめとするかなりの有益な発明に関する知識をフェニキア人から得た。したがって、ギリシア神殿においてはじめてこれ以上ないほど完全に明晰に練り上げられたかたちで出現した理念が、確かにより未発達ではあるが、十分に決定的なかたちですでにフェニキア・ユダヤの神殿施設に認められることも、驚くにはあたらないのである。

　フェニキア人たちの宗教状態は、アッシリア人やペルシア人たちとは違うかたちで形作られた。にもかかわらず、両民族のあいだの同系性は、それ以外の彼らの諸建築とその計画にきわめて容易に認められる。実際、ヨセフスがソロモンの宮殿について語っているところに、ペルセポリスについての記述を見出せると考えてもよいのだ！[92]

・・・・・・・

なおひとつの偉大な、しかし知られざる、モグラのような民が早くから活動しており、その力強い痕跡を残している。彼らの活動は、これまで言及してきた流れとはほとんどまったく無関係であって、場合によってはそのどれよりも古いものかもしれない。

　この民自身は姿を消し、歴史的記録も何ひとつ残されていないが、大地に散在する通路と円錐形の盛土とがかつての彼ら

の存在を証明している。彼らは巧みな技師であり金工であった。神殿を建てることはなかったが、丸天井を備えた漏斗状の円形建物(ロトンダ)に死者を祀っていた。彼らが円形の基本形式、また、上部構造ないしは塔を偏愛していたために（それにより彼らはティレニア人と呼ばれている。(93)）、早くからの彼らの謎に包まれた活動が、ギリシア芸術の発展にとって非常に重要な意味を持つことになった[47]。

もしかすると彼らは、金属資源に恵まれた小アジアの原住民で、鉱業を営む民（神話上のクレテスやコリュバンテス）であったかもしれない。そしてのちに、貧しい移住者からなる民（ペラスゴイ人）となったとは考えられないだろうか(94)。我々は彼らの末裔を、旧大陸に散って集団で生きている鋳掛け屋のジプシーに見ることができる。こうした廃墟と、そのほかにも、我々にとっては謎である失われた存在を物語る多くの痕跡とが、古代ギリシア文化の中枢となった国々の地を覆っていたのである。

諸部族は混合状態にあった。そうした諸部族が、戦争と海賊行為と商取引とによって古くからの道徳的よりどころを奪われ、それぞれの地から解放されてはじめて、ひとつの国家としての自律的発展が準備できた。

このような荒んだ状況から生じた民主の芽は、民主制の炎を燃やし続けるだけの丸太がときおり投げ込まれなかったならば、早期に萎んでいたであろう。

秩序と外面的規範との精神において、より古いアッシリアと

エジプトから受けた影響については言い伝えられている。ここで特徴的なのは、ドリス人が、外面的形式と秩序とに支えられたその貴族権力をマケドニアからギリシア本土へと広げたときに、最も早くからそこに影響を与えていた例の勢力を系譜上引き継ごうとしたことである。

ニオベの子供たちを殺したアポロンに対する信仰が[95]、いまや、アジア的なバッカス信仰に取って代わる。あらゆるものがアジア的な文化要素とは対立する新しい社会指導者の登場を示唆している。彼らは、そのシステムのよりどころを階級的・貴族的なエジプトから部分的に借用した規範に求めることで、詩的・アジア的なそれまでのギリシア文化に神殿建造への流れを与えたのである。

彼らのシステムが勝利したままであったならば、ギリシア文化はその正真正銘の独自の壮麗さをもって興隆することは決してできなかっただろう。つまり、芸術はエジプト芸術を縛っていた拘束から完全に脱することは決してできなかっただろう。新しい要素である自由なイオニア精神が主人となり、浸透し、花開いたところでのみ、その高みに達したのである。

・・・・・・・・

特異で、新しい、時には、恣意的で、厳格な建築的構築の原則に照らしては正当化できないような、様々な既存の建築要素の結合あるいは異種交配が、ギリシア神殿創造の完成前に先行しなければならなかった。

ギリシア神殿の創造はあらゆる芸術が犠牲を払い制限を甘受することによってのみ可能となったのであり、諸芸術は、この制限の枠内で、全体を害することなしにそれぞれの手段を最高度の自由をもって発展させ得たのである。

　しかし、まずはギリシア神殿を全体的な関係において見ておこう。

　神殿が建っている区域の全体は聖域（τὸ ἱερόν／ヒエロン）と呼ばれ、アジアのものと同様に広々とした縦に長い四角形の台地をなしていた。それは力強い切石の基礎上にあり、多かれ少なかれ地表面よりも高くなっていたが、しばしばすでにその立地によって周囲を見下ろすように聳えていた。外部階段がそこに通じており、ある場合には、第1のペリボルスが周りを囲っていたが、たいていの場合、開放的な基壇をなし、胸壁はなく、彫刻作品や捧物などで飾られていた。

　その上には、より狭い、壁体が周囲を巡る閉じた場所があった。その全側面は後退し、再度、地面から適度に高められていた。そこへの入口は円柱で支持された切妻の（多柱式）前室からなっており、プロピュライアと名付けられていた。比較的のちのより見事なこの種の囲いでは、その壁体の内側に列柱廊が巡っていた[48]。さらにのちになると、完全に開放的な円柱廊の広間がこの壁体に取って代わった。神殿が建つ庭を囲む円柱を備えたこれらの建造物は、どちらもストアと呼ばれた。

　ここではじめて聖域固有の区域に踏み込むことになる。神殿（ἡ νέως／ナオス）が[(96)]、これを背景として新たな下部構造上

に建っていたのである。この下部構造は、しばしば周囲を取り巻く階段に過ぎなかった。神殿の手前には中央に祭壇を備える囲われた区域があり、そこは神域 τέμενος と呼ばれた。

神殿本体は基本形式に従って、周知のごとく、矩形の整然とした切妻建物をなしており、当初は簡単な神殿内陣から構成され、神殿前面の壁端柱のあいだだけが円柱で飾られていた。しかし、その重要性が高まったことにより、ギリシアの神殿建築における基本理念はいっそう発展し、神殿の周囲にはそれが建つ庭を囲む壁体と同じように列柱廊が巡らされた。そして、これが神殿の屋根を支えることになった。

こうして最高度の**建築的**成果が達成されたものの、さらになお、全体的な芸術効果を神像に至るまで高めていく必要があった。それゆえに、神殿外側の形式と矛盾しても、その内側を再び周柱式の中庭として形態化することを迫られたのだ。これを背景として、神像を備える祈祷所（ή σηκός / 神室）[49] が置かれたのである。

比較的大規模な神殿における、こうした周柱式中庭の壁面と柱間は、彫塑、彫金、絵画による高貴な作品によって効果を高められていた。そして、金色に輝く荘厳な神像をもって、先立つあらゆるものによって最高潮に達した期待が満たされるのである。

その関係はいっそう豊かで、その意図はいっそう崇高であったに違いない。というのも、多くの場合、城塞、市場、劇場、救貧院などの施設と、その関係施設が、神殿のペリボルスを形

成するかたちでこの領域に建てられ、神の庇護のもとに置かれていたからである。現在でもポンペイとアテネのアクロポリスとにそれを見ることができるが、かつてはローマでもどこでもそうだったのだ。しかし、現状がそうでないために、これに触れる芸術書においてはいつも神殿だけが、すなわち、(partem pro toto：全体のための部分である) νέως / ナオスだけが、完全な全体として扱われるのであろう。

最高に高められた効果の山場に非常に強烈な場面をおくこの構成に、たとえ何か不十分なところがあるとしても（それゆえに、アテネ人はアクロポリスの中央に巨大なミネルヴァ像を建てたのだが、その兜の羽根飾りの高さはパルテノンのペディメント頂部をも凌ぐものだった）、すでにこうしたつながりのなかに、個々の完全性を考慮せずとも、ギリシア文化と非ギリシア人のそれとのあいだの途方もない隔たりを認めるのである。

無比の卓越した調和のなかで、建築芸術の四要素はともに、ひとつの偉大な目標に向けて作用した。下部構造と周囲を取り巻くストアとは、もっぱら備え支えるもので、いわば神の侍臣である。これらなしでは、四角形の切妻建物は正面と背面の区別を失い、関係性を奪われ、理解できないものとなっていただろう。この建物は、神を讃えて独自の美しさを放つ柱廊の上方に、見事に飾られたペディメントを頂いて屹立しており、まさに神の家である。もはや、利口な神官が隠れた檻に神を監禁することもなかったし、神が雲に覆われた高所で、権力の威嚇的

象徴として、専制君主の思い上がりに仕えることもなかった。神は誰かに仕えるのではなく、自らを目的とし、自身の完全性と神格化されたギリシア的人間性とを表す。

国民感情に支えられた自由な民族だけが、このような作品を理解し、そして創造できるのである[50]。

それにしても、こうした作品の成立には様々なものが影響している。

古代ギリシアの古い祭祀は生け贄をともなっており、それは地域一帯で最も高い山の頂において捧げられた。そこには、キュクロプス式の下部構造を備えるあの古代の台地が今なお存在しており、その上には、生け贄の雄牛100頭(ヘカトンベ)の灰によって築かれた巨大な祭壇が建っていた。この傍らには小さな祈祷所(カペレ)があり、その切妻屋根は円柱の上に載らずに石積みの内陣を直接覆っていた。したがって、アッシリアの塔状建築が、本来山頂で行われたこれと同じ自然崇拝に基づいていたのかもしれないし、あるいは逆に、そこから山地に住む古代ギリシア人にこの祭祀が受け継がれたのかもしれないが、何れにしろ両者の同根性を見誤ることがあってはならない。

とにかく、地の上のこの小屋から、外来の要素の助けを借りて、ギリシア神殿は成立したのである[(97)]。

この小屋と、そこで支配的な位置を占めていた基壇に、アジアの囲われた中庭も結びついた。

多柱式プロピュライアの使用もまたアジア的である。このモチーフはギリシア人を通じてはじめてエジプトに導入された。

これに対して革新としては、ドリス式円柱、その周柱式での応用[51]、そして、外部の切妻形式と内部の中庭配置の特異な結合、つまり、露天式神殿(ヒュパイトロス)、これらが挙げられよう。

　これと似たモチーフは、部分的にそれぞれエジプトやフェニキアにも存在している。したがって、これらの国々との交渉が裏付けられているドリス人の立法者が、そこからこうしたモチーフを借用したということもあり得ないことではない。このモチーフによって、これらの国々に似通った特有の階級的・貴族的傾向を示し、王朝制・民主制が混合した古きヘレニズム文化に対抗するためである。

　神は高い山の頂から人間の住む領域に運び降ろされ、神官の設けた前方施設の背後に消えてしまうおそれがあった。しかしつづいて、イオニア芸術のもとでオリュムポスのユピテルが、それを収める内陣が狭すぎるほど偉大で荘厳なものへと成長したときにはじめて、また、パラス・アテーナーが、その刺繍を施された幕屋(タバナクル)から高く聳えて場所の中央へと歩み出たときにはじめて、神性はそれを拘束するものから完全に解放された。

　ドリス文化がヘレニズム文化と融合する際、アッティカのドリス的であるよりむしろイオニア的な地方では、比較的柔軟な要素、つまり、より音声的な芸術である絵画と彫刻は、イオニア調に従うことになった。

　つまり、ドリス文化は、音楽においてと同様に前述の両芸術の実践において、とりわけその神殿建築への応用において、イオニア文化とは根本的に相違していた。そして、音楽にドリス

調があったようにドリス的な色調が存在していた。こうしたことは確かに単なる推測ではないのだ。

　ドリス芸術が、この点においても、より多くをエジプトに負っていたのに対して、イオニア芸術は、象形文字(ヒエログリフ)と化して硬直していない起源のままのアッシリアの絨毯作品に基づいていた（それは、ちょうどその揺籃期の不完全性のゆえに、諸芸術が自由に展開するためのより望ましい出発点となった）、あるいは少なくとも、それと共通の根から生じたということも同様にあり得るだろう。

　アッティカとシチリアの記念建造物遺跡の比較から明らかになる、エジプト的・ドリス的なポリクロミーと東洋的・アッティカ的なそれとのあいだの対照は、こうして説明できるのだ。

　両システムが互いに一致することなど**あり得ない**。シチリアとアッティカの神殿復元の試みがまったく調和しないということは、両試みの信頼性をむしろ証明するのであって、その逆ではない。実際に、前者が、明るい地に青緑色で強調されたエジプトの色彩システムを思い起こさせ、後者が、華麗で荘重な東洋のそれをより思い起こさせるのであるから、なおさらである。そして、このエジプトの色彩システムが、象形文字(ヒエログリフ)とともに失われていくあいだに、東洋のそれは、中世を通じて生き続け伝えられ、新しい色彩の音楽(ファルベンムジック)の基礎となったのだ。

　この対照はポンペイの壁画に今なおはっきりと現れている。この都市が繁栄していたのは、世界都市ローマの諸芸術にエジプトの影響が（意味のない模倣に過ぎないものの）改めて広がっ

ていた時代であった[52]。

そこでは、エジプト風の壁面装飾は明るく、他の壁面に見られるより華麗な東洋的装飾原理とは容易に区別できるものとなっている[53]。

VI. 応用

では、若干の応用を手短に示して結論としよう。

我々は再びギリシア神殿の建設に着手し、そこに古代のポリクロミーと新しくベールを脱いだ古代芸術の技巧を総動員して、かつてよりうまくいくかどうか試してみるべきだろうか。

そんなことをすれば、ひどい禍を招くことになる！

古代ポリクロミーは、ローマ人が壁体の素材と構造により高度な芸術的価値を与えて以来、すでにその歴史的基盤を喪失している。壁体の素材と構造は、もはや隔壁面の背後に隠れてただ用をなすだけではなく、形式を付与する、ないしは少なくとも、それに決定的な役割を果たすようになったのだ。こうした権利は、木造屋根が諸芸術の起源以来ずっと、すでに長きにわたって享受していたものである。壁体が屋根の領域へと及んでアーチやヴォールトが芸術的に用いられるようになると、太古から至高者の象徴であった屋根でさえその支配力と重要性を奪われるか、少なくとも、それに異議を唱えられることになった。

しかし、素材の性質が芸術的に満足できないことによって、あるいは、**外部における**素材保護のためのあらかじめの配慮に

よって、また、**内部における**快適さ、暖かさ、心地よさなどを求める不変の要求によって、壁面や構造露出部分への被覆が求められる場合には、それがスタッコ、木、塗装、絨毯、いかなる被覆であるにせよ、そこに被覆本来の意味を保っておくことが、今日でもかつてと同様に必要となる。ここに絵画の領域が開かれている。

それはいかになされるべきか。一般的に有効で、かつ決定的な答えを得ることは困難である。

これに関しては、特に次の事柄を覚えておく必要があると思われる。

第一に、**壁面**は、そこに描かれたものによって空間を隔離するというその本来の意味を失ってはならない。さらに言えば、絵画で壁面を装飾する際に最初期の空間隔離の手段であった絨毯を忘れずにいることは、依然として賢明なことである。例外は、空間を隔離するものが確かに物質的には存在していても、理念上存在しないような場合に限られる。したがって、絵画は舞台装置の領域に入り込み、そこでしばしば成功を収めるだろう[54]。

第二に、気候やその土地の習慣さえ、色調や対象の選択に際して考慮に入れる必要がある。いわば、そこの既存モチーフにないような新しいことは試してはならない。

第三に、絵画は、全般的には建築物の性格に、個別的にはその部分の用途に適っていて、それらを強調していなければならない。

第四に、絵画が最高の芸術として独自の方法で獲得した見地と、それが達成した高度の技術的完全性を無視してはならない。絵画を奴隷にしようとしても無駄である。その好意を得るように努め、それと自由な同盟を結ばなければならない。

　最後、**第五に**、構造露出部分、例えば、鉄製円柱、鉄製または木製の屋根構造に対して芸術的に塗装を施す際には、素材特有の静力学的性質に配慮しなければならない。だから例えば、細ければ細いほど完全に見える鉄製部材には、決して明るい色彩を用いず、黒、ブロンズ色を用い、鍍金をふんだんに施すのである。

　彫刻に関しては、それが外部で素材的に扱われるのか、あるいは、内部を飾るものになるのかに応じて、ある場合には建築芸術における素材の解放について述べたことが、ある場合には絵画に関して述べたことが適用できる。この芸術は、ルネサンスという偉大な時代が犯した古代を白いものとして見るという間違いを、ある仕方で消化し自分のものにしてしまっている。そこから生じた本物の偉大さをほかのもので代えることは、少なくともすぐには困難である。それでも、彫刻をむしろ金工の領域へと導くならば、多くの場面で適用可能な方策が示されるだろう。

　外部にポリクロミーを活かす大きな可能性が残されている。様々な色の材料を利用するのである。この方向で芸術的に造形していけば、我々の伝統に背くこともないし、上述した今日の技術的立場とも完全に一致する。ただし、装飾のために形と色

ゼムパー　建築芸術の四要素

を選ぶ際、もはや、かつてのアッシリアの場合のような壁体とは異質な建築要素ではなく、構造自体とそこに現れている素材が決定的な役割を果たすということでなければならない[55]。

しかし、これらすべては効果の薄い家庭薬に過ぎず、それらによっては老化し衰えた状態を若々しい力に満ちた状態へと変貌させることはできない。おそらくは、魔女メデイアの薬草ではなく、彼女が用いた魔法の若返りの釜が必要なのだ[(98)]。

・・・・・・・・

よろしければ応用をもうひとつ。

ギリシア神殿において、専制的・君主的なベロスの神殿と階級的・貴族的なエジプトの巡礼神殿というふたつの対照的なものが、より高い理念のもとに和解していたことが分かった。この理念によって、民衆は君主や神官となり、彼らの神において自らを讃えたのであった。

非常に似通った対照が、我々のキリスト教文化の時代にも生じた。ゴシック大聖堂をその最終的な表現とした西欧のバシリカは、エジプトにおける神官の神殿以外の何であろうか。評議の場(エクレシア)が神殿を飲み込んだように、教会は神の主人となった。聳え立つエジプトの塔門(パイロン)さえそこには欠けていない！

東方のドーム(クーポラ)は、キリスト教的なバール神殿以外の何であろうか[56][(99)]。

我々の救世主は、地上の王国を代表する専制君主に代わる者となった。唯一の主は、霊的なものと世俗的なものとの上に君

99

臨しているのだ！
　この対照的なものの和解が、また同時に、芸術における新紀元の、つまり、古代ギリシアを凌ぐ高度な芸術発展のはじまりとなる[57]。
　この時代はいつはじまるのか。どんなピュティアが、どのようにこれに答えてくれるのだろうか。
　願わくはこうでないように。

　「さりながらシフノスの市会堂が赤くなり、
　　市場の眉も赤くなるとき、……」

ゼムパー　建築芸術の四要素（原註）

原註

1 そこに引用されている造形表現に関わる記述のほとんどは不明確であって、ヘルマン［Gottfried Jakob Hermann, 1772-1848：直観的な原典校訂を行ったドイツの古典学者］のごとき鋭い洞察力をもってしても、それが絵画的な作品についての言及なのか、それとも、彫塑的なものについてなのか、または、刺繍を施した作品についての言及なのか、それとも、彫刻と絵画を一緒に備えたようなものについてなのかを推測することは不可能であった。使われている言葉はどっちつかずで、見解をどちらかに絞ることはできなかった。しかし、もしもギリシア人のあいだでこれらの概念自体の差異が互いに定まっていたとすれば、通常は明晰で豊かなはずのギリシア語で、我々の考え方に従えば互いにまったく別物であるような概念のあいだの微妙な差異を表現できないなどということがあり得るだろうか。ならば、まさにこれらの曖昧な記述は、我々が今ぼんやりと思い描いているギリシアの作品における諸芸術の融合を示す、最も明確で疑いのない証拠なのではないか。

2 我々がアテネで別れた後、グーリー［Jules Goury, 1803-1834：フランス人建築家］は、のちにアルハンブラを取り上げて名高い見事な著作［*Plans, Elevations, Sections and Details of Alhambra*, 2 vols., London, 1842-1845］を出版するオーウェン・ジョーンズ氏［Owen Jones, 1809-1874：イギリス人建築家・デザイナー］とともに、エジプト、さらにシリアへと調査を続け、1834年その地でコレラに倒れた。この精神的にも肉体的にもたくましい卓越した芸術家の精力的な仕事ぶりは、その才能に見合うものであったから、彼の図面ファイルには現存する

ポリクロミーの最も完全で信頼するに足るコレクションが含まれているはずである。グーリーの長所のひとつであったその几帳面さから、ファイル中のすべての図面が出版に備えられていたであろうことが確実に想定できる。彼の死後、それらはいったいどこへ行ってしまったのか。
3 古代ポリクロミーのさまざまなシステムが実地に応用された。こちらで可愛らしい淡色のマルチパン［すりつぶしたアーモンドに砂糖と香料などをまぜて焼いたケーキ］風のものがギリシア様式であるかのように振る舞っているのに、あちらでは血のように真っ赤な屠殺業者風のものが現れて、同じようにギリシア様式だと称していた。
4 この鍵を手に入れれば、今日の学者たちによって特に彫塑に長けた民族と呼ばれているギリシア人の実態を、たちまち知ることができるだろう。
5 とりわけ興味深くなりそうな著作が準備されつつある。それはコンスタンティノープルにあるハギア・ソフィアのモザイクに関する著作［Gaspare Trajano Fossati, *Aya Sophia Constantinople, as Restored by Order of H. M. the Sultan Abdul Medjid*, London, 1852：ただし、実際に刊行された内容にモザイクは含まれなかった。］で、フォッサティ［Gaspare Trajano Fossati, 1809-1883］の図面に基づいたものである。彼はギリシア正教会におけるこのかつての中心聖堂の修復にたずさわった人物である。
6 この高度に完成された創造物を詳細に知れば知るほど、それを理解するためのよりどころが分からなくなる。

　ここで引き合いに出したアッティカのドリス式神殿の特性、付記すれば、円柱の垂直軸のずれとしてすでに以前から知られていた、この特性については、さしあたり次のような解釈

ゼムパー　建築芸術の四要素（原註）

でもって満足しなければならないだろう。ギリシア神殿では、絵画的要素が建築的要素の領域へも作用を及ぼしていた、つまり、絵画的要素が錯視を引き起こしていると解釈するのだ。錯覚は現実に介入してくるので、現実の姿は錯視を通して現れるほかない。しかし、その意図はおそらくもっと先にまで及んでいる。神殿正面中央に立つとき、水平線の両端部が下がっていると現実の姿は水平に伸びて見える。球面透視図法がこの現象を説明してくれる。上方で集束する垂直線を近づいて下から観察すると、より高く見える上にはっきりと安定して見えるということも同じように理解できる。

　ところで、これは何も孤立した現象ではない。多くの古い教会堂、とりわけイタリア中部（トスカネッラ［Toscanella：今日の Tuscania。ヴィテルボ Viterbo 西方約 20km に位置する町で、市外にサンタ・マリア・マッジョーレとサン・ピエトロというロマネスク教会堂がある。］）のロマネスク様式バシリカでは、水平線が想像上の消失点に向けて集束しているのを、また加えてしばしば、祭壇に向けて床が高く天井が低くなっているのを感じ取ることができる。ジェノヴァの美しいアヌンツィアータ教会堂にも同じ原理が適用されている。フィレンツェのパラッツォ・メディチのファサードには僅かな膨らみが与えられており、ファサードは実際よりも幅が広く見えるようになっている。祭壇のニッチの構成には舞台の構成手法が頻繁に応用される。ブラマンテとその弟子たちはこれを用いて成功した。のちの行き過ぎたやり方が、この非常に効果的な手段の評判を悪くしたのである。

7　引用した証言の適用範囲を制限するためにクーグラー氏が主張していることをひとつひとつ取り上げてみても、あまり興

103

味深いものは見出せないだろう。彼が引き出す別の危ない推論のなかで最も奇異に感じられるのは、プルタルコス［Plutarch, 46頃-120以後：帝政ローマ期ギリシアの思想家・伝記作家］を引きながら、スタッコ壁を濡れた指でこすると黄色いサフラン色が現れたのだから、こする前の壁は白だったに違いないと推論するところだ。それはなぜ、経年による、また、ランプや香炉の煤による、黒や灰色ではないのだろうか。なぜ緑や赤ではいけないのだろうか。

8 この表現を逐語的に訳すと、拾い集められた石で、つまり、切石ではなく、荒石で、となる。キュクロプス式の石材を拾い集めることなどおおよそ不可能である。

9 古代の著述家の言葉を引用する際のクーグラー氏の図々しさを証明するものとして、ここに関連するプリニウス［Plinius, 23-79：ローマの博物学者］の記述を添えておきたい。

　「しかし今では、絵画は、大理石によって、そして、ついに金によっても、すっかり放逐されてしまった。そうして、仕切壁全体が大理石で覆われるようになっただけでなく、図案を彫り込まれた大理石、曲がりくねった線で事物や動物を彫り現わした浮彫りの大理石板までもが、存在しているのである。もはや我々は、寝室のパネルや表面に山々の連なりを広々と表すことでは満足しない。我々は、石積みに**彩色する**ことさえはじめたのだ。これは、クラウディウスの治世に発明されたものであった。一方、ネロの治世には、浮き彫りした大理石の表面にはなかった斑紋を挿入することによって、単調さに変化を与える方法が発見された。」（Plinius, *Naturalis historia*, 35, 1.）［本訳文は、Loeb英訳版からの重訳である中野定雄・中野里美・中野美代訳『プリニウスの博物誌 第Ⅲ巻』雄山閣、

1986 年、1406 頁の訳文を、Loeb 英訳版を参照しつつ、本文の文脈に沿うように改めたものである。]

　この後でさらに、プリニウスは、先祖の彩色肖像画をアトリウムに並べるという古い習慣が、似ているかどうかはお構いなしに貴金属に肖像を施すという新しい流行に押されて消えていかねばならなかったことを、残念がっている。この発言は古いローマの風俗について述べたものに過ぎないが、それにもかかわらず、これはまさに古代人のあいだにポリクロミーを施した彫像が存在していたことを示す例として考慮に値するものである。

10　Seneca, *Epistulae morales*, 86. [茂手木元蔵訳『セネカ道徳書簡集』東海大学出版会、1992 年、369 頁。]

11　大英博物館の壺のコレクションでは、クーグラーの主張、つまり、**最も完成された様式**の壺に描かれた神殿建築は白色であるという主張を決して立証できない。バジリカータ[Basilicata：イタリア半島南部、カラブリア半島の付け根にあたる地域]の壺、それも最後期の最悪の時代に属するものだけが、白い白亜地で神殿の円柱などを表している。他のものは白い地を黄色で覆っている。しかし、最も美しい時代に属する本物のアッティカの壺と古代エトルリアの壺ではすべて、建築物は白ではなく、人物と同じように彩色されているか黒である。ブロンズの間（展示棚 35）には盛期に属するアッティカの油 壺（レキュトス）がいくつかあるが、その基部と頸部は黒、その他の部分は白である。白色の部分にはたいていの場合、アガメムノンの墓所でのオレステスとエレクトラが赤い輪郭で繊細に描かれている。これらの器のなかのひとつだけが厚いエナメルの色彩を残している。おそらく、かつては全体がそれで覆われ

ていたのであろう。色彩が剥がれているところでは、他の壺と同じように人物の輪郭を繊細に描いた白い地が直接現れている。かつては、これらの白地の壺のすべてがおそらく蝋画で覆われていたのであろう。私はそれを疑うことができない。色彩が残る唯一の器に描かれたアガメムノンの墓所には、緑青色のアカンサス装飾とコーニスに青い卵鏃飾りが施されている。墓石の地の色は、そこの色彩の覆いが剥がれているためもはや識別できない。つづくエトルリアの間では、盛期に属する2つの壺が際立っている。それらには、泉の上屋をなす円柱列を備えたポルティコと、そこに水瓶を一杯にしてたたずむエトルリアの女性が描かれている。そのひとつの壺(展示棚12, 280番)に描かれたポルティコは、2本のピラスターのあいだに2本のイオニア式円柱を備えている。フリーズはトリグリフを備えたドリス式で、その上部が正面となっている。すべてが黒色であるが、メトープとペディメントだけは、壺のほかのところにその色は使われていないにもかかわらず、例外的に白である。

これと同じことが、隣の壺に見られるはるかに美しい描写にも言える。そこには、壁端柱(イン・アンティス)のあいだに4本の円柱を備えたドリス式ポルティコが、それらの円柱と壁端柱のあいだの5つの豊かに飾られた泉の湧出口とともに描かれている。ここでもメトープは白で、ほかのすべては人物と同じように黒褐色である。より古い時代の他の壺に描写された多数の円柱はすべて、暗く彩色されているか、地の色をしている。

12 それはすなわち、サモス人が到来したときに、である。
13 ἄσκειν, ornare / 装い、つまり、装備し、そののちに飾るのである。そして、ほとんどの場合、彫塑的ならびに建築的な飾りを施す。

14 格子柵については、私の見解をはっきり述べておかなければならない。それは建築家の当初の計画に含まれていた。多くの場合、ギリシア神殿の柱間には手摺さえ備えられていたのであり、アテネの神殿にもその痕跡が認められる。

15 *Transactions of the Institute of British Architect of London*, Sessions 1835-1836, vol. I, part I, London, 1836.

16 パルテノンでは、そのような格子柵の痕跡を、西面外側の列柱廊をなす円柱間にも見ることができる。

17 すでに前著で述べている事柄をここで繰り返しておく必要がある。広い表面上の赤色は装飾に現れる赤とはまったく異なる。表面の赤ないし橙色は飽和状態にあるが透明であり、ちょうどあの竜血のようである。対照的に、装飾を構成する赤は火のような朱色である。

18 これについては後述する。

19 小冊子『覚書』[*Vorläufige Bemerkungen über bemalte Architectur und Plastik bei den Alten*, Johann Friedrich Hammerich, Altona, 1834, S. 12 の註] において言及した。

20 ディテールの色彩は予想外に豊かであり、その事例を [39頁に付した] 木版刷りの図が示している。図の連珠紋を施された棒状の繰形には、丸玉状の珠のあいだに、これを埋めるように算盤玉状の珠が2つ並んでいる。私はこれをテセウス神殿天井の諸部分でそれぞれ別々に観察し、その原図を石の上から透写して描いた。

21 すなわち、(楯形飾り、アクロテリア、格子柵などの) 金色の飾り部分のこと。

22 この会議には、イットルフ、ハミルトン、ウェスマコット [Richard Westmacott, 1775-1856：イギリスの彫刻家でロンドン

王立美術学校教授]、エンジェル [Samuel Angell, 1800-1866：イギリスの建築家]、ドナルドソンの各氏が出席していた。この会議記録は、我々が扱っている問題にとって様々な面で重要である。

23 ファラデー [Michael Faraday, 1791-1867：イギリスの化学者・物理学者] の鑑定は次のとおり。

A) プロピュライアの壁端柱から採取された被覆の一部について：青は炭酸銅から生じたもの。蝋に顔料が混ぜ合わされている。

B) テセウス神殿のミューテュール下端から採取された被覆の一部について：青は銅によって色付けられたガラス質(フリット)である。蝋が存在する。

C) テセウス神殿の円柱から採取された被覆の一部について：この表面については不確かである。少量の鉄を除いて、蝋ないしは鉱物性顔料は発見されなかった。芳香性樹脂が若干の断片に、可燃性物質がすべてに存在するようである。植物性物質が使われた可能性もある。

D) テセウス神殿の格間から採取された被覆の諸部分について：青は銅の混じったガラス質(フリット)で蝋をともなう。

E) プロピュライアの北側翼部から採取された被覆の諸部分について：顔料は酸化銅。蝋が存在する。

F) Eに同じ：Eに同じ

1837年4月21日、ロンドンにて　　　　M. ファラデー

24 Plinius, *N. H.*, 35, 39：「蝋で描いたり、蝋画(エンカウスティック)でデザインしたりすることを、誰が発明したのかについては、説が一致していない。ある人々は、アリスティデス兄の発見であり、次いでプラクシテレスがそれを完成したと考えている。しかし

ゼムパー　建築芸術の四要素（原註）

蝋画(エンカウスティック)は、もっと相当早い時代にすでに存在していた。たとえば、ポリュグノトスの絵、そして、パロス島のニカノルとムナシラオスの絵がそうだ。」［本訳文は、Loeb 英訳版からの重訳である中野定雄・中野里美・中野美代訳『プリニウスの博物誌 第III巻』雄山閣、1986 年、1432-1433 頁の訳文を、Loeb 英訳版を参照しつつ、本文の文脈に沿うように改めたものである。］

　　白く白亜のようで、それでいて同時に堅い地が、古代の蝋画(エンカウスティック)の手法には不可欠な下地であったようである。

25　Plinius, *N. H.*, 35, 41 に見られる表現「cestro, id est vericulo / cestrum または viriculum」は、通常、蝋画(エンカウスティック)に用いられる道具を指し、penicillo / 筆と対比されるものである。しかし、ギリシア語で κεστρον /cestrum という言葉には、二通りの意味があった。まず、尖った道具、鑿であり、次に、ある芳香性植物の名前である。これは植物学的には、ディオスコリデス［Pedanios Dioskurides：紀元 1 世紀のローマの植物学者］の分類に従えば、betonica officinalis ［（薬用）ベトニー：和名カッコウチョロギ］である。vericulum / 小さな槍というラテン語の表現は、この一節にしか使われていない。プリニウスは cestrum を cera / 蝋と対比して、古代の記念建造物の色彩に見出された芳香性樹脂という意味で使ったということはあり得ないだろうか。もちろんプリニウスはほかのくだりで、penicillum と cestrum という 2 つの表現を互いに対比的に用いており、cestrum という言葉は一般的には Griffel / 尖筆と訳す方がはるかに妥当である。しかし、そうするとこの一節ははっきりしないものになる。

26　この最後の些細な理由に対して、クーグラーは、これは人間

の本性にまったく反するものだと異を唱えている。ここに挙げた例も、これに反対するだけで、これを支持してはおらず、象牙像の内部はより劣った素材でできていたとする。

しかし、もしフィディアスの象牙像自体、その柔らかい白色を、見事な金の縁飾りに相応しい絢爛たるヴェールの下ではじめて最も効果的に現すのだとしたら、どうであろうか。

これを支持する証拠資料が存在する。

クーグラー氏がこの点でまだ私と見解をともにしないなら、私に代わってより信頼に足る権威に語ってもらうのがよかろう。

Plinius, *N. H.*, 36, 22 には、こう述べられている。「キュジコスにも神殿がひとつ残っている。そこには、建築家によって装いを施された石造物の縦の継ぎ目ごとに、金の細管が挿し込まれていた。堂内には、大理石のアポロン像を戴く象牙のユピテル像が、安置されることになっていたのだ。したがって、非常に繊細な光線が、管を通して射し込み、爽やかな微風が、優しく彫像を撫でるのである。建築家の創意のほかに、**このような仕掛けに使われた材料そのものも、隠れてはいるが、建築物全体の価値を高めるものとして、評価されている。**」[本訳文は、Loeb 英訳版からの重訳である中野定雄・中野里美・中野美代訳『プリニウスの博物誌 第Ⅲ巻』雄山閣、1986 年、1432-1433 頁の訳文を、Loeb 英訳版を参照しつつ、本文の文脈に沿うように改めたものである。] この一節は、ここでのテーマにとって様々な点で興味深い。これは明らかに、金の糸が、それを隠している何かを透過してはじめて、かすかな光として現れて、彫刻作品を仄かな雰囲気で包むということを言っている。その何かとは、色彩、あるいは有色の蝋光沢以外に

ほかの何であり得るだろうか。

27 私がこの表現で暗示しているのは、ギリシア人にとっては、インド人と同様に、香りが芸術的所産一般を左右する因子であったということである。

28 ミュンヘンの古代彫刻美術館〔Glyptothek, 1816-1830：レオ・フォン・クレンツェ（Leo von Klenze, 1784-1864）設計〕所蔵のアイギナ〔Aegina：アテネ南西サロニカ湾内島〕の〔女神アファイア（Aphaia）を祀る〕神殿のモデルはクーグラー氏のシステムに適ったものだが、氏がこれを気に入っているかどうか、本音のところをたずねてみたいものだ。今日のギリシア様式のドリス式神殿のなかで私が最も気に入っているものは、シャルロッテンブルク宮殿内の赤花崗岩を用いた小礼拝堂である。〈アイギナの神殿のモデルとは、クレンツェによる彩色浮彫りを指している。この浮彫りは、クレンツェが1836年に古代彫刻美術館のために建設し、現在は取り壊されている神殿のためのもので、彼はこれをペディメント上部のティムパヌムに据えていた。その下部には、アイギナのペディメントに備えられていた彫像が、ベルテル・トルヴァルセン〔Bertel Thorvaldsen, 1768-1844：デンマークの古典派彫刻家〕によって復元されていた。ベルリンのシャルロッテンブルク宮殿の礼拝堂とは、宮殿庭園内にあるルイーゼ王妃〔Luise Auguste Wilhelmine Amalie, 1776-1810〕のドリス式霊廟のことで、1810-12年にシンケル〔Karl Friedrich Schinkel, 1781-1841〕によって建てられたものである。シンケルはこのポルティコを1828年に当初の砂岩から赤花崗岩に換えていた。〉

29 著者がここで何を言わんとしているのか、あるいは、何を説明しようとしているのか、まったくはっきりしない。

30 Gottfried Jakob Hermann, *mythologia Graecorum antiquissima opusc.*, vol.II.

31 ヘロドトスによれば、太古からの歴史を自負するエジプト人でさえ、これを信じていた。

32 我々は、ウィトルウィウス以来、木造建築に由来するギリシア神殿の起源について記述してきた大型本、あるいは、中国の方形屋根に関する鋭い仮説だけを覚えておけばよい。トーマス・ホープ［Thomas Hope, 1769-1831：オランダ出身のイギリスのデザイナー・著述家］による建築史［*An Historical Essay on Architecure,* John Murray, London, 1835.］を参照。

33 土台ないし基壇は、確かに一見、二次的なもので、すでに低地に住処を構えて定住している場合にだけ必要なように思われるだろう。ところが、それはすぐに炉と結合し、炉を地面から持ち上げる役割を持つようになった。また、土台は同じ意味を持つ竪穴と結びついて、最初期の屋根を支える役割も果たしたであろう。加えて、おそらく、個としてではなく社会的存在としての人間はきっと、いわば最後に泥土から創造されたものとして低地から生まれ出たのである。太古からの民間伝承はしばしば自然哲学的な理念を包み隠してしまうが、この点に関してはみな一致している。

34 ラテン語の paries にあたる Wand / 仕切壁・壁面というドイツ語の表現は、Wand の起源を明らかにしている。Wand と Gewand / 衣服はひとつの根から生じた言葉である。それらの言葉は、gewebt / 織られた、または、gewirkt / 編まれた素材を表しており、これが Wand をなしていたのである。

35 煉瓦に色彩豊かな釉薬を施そうという目論みが、真っ先に**焼成**煉瓦の発明に至るだろうことは、推定にとどまるものではな

い。釉薬を施されたニネヴェの煉瓦をパリで詳細に観察する機会があったが、これはほとんど焼かれていない状態だった。その釉薬は特別に融解しやすいものであったに違いない。テラコッタによる被覆は煉瓦積みの壁に先立つものであり、薄い石のパネルは切石の壁面に先立つものである。これについてはずっと後に述べる。〈ゼムパーはルーヴル美術館長シャルル・ブラン［Auguste Alexandre Philippe Charles Blanc, 1813-1882］と親交を結んだ後、1849年8月にコルサバードで発見された品をルーヴルで調査した。そのなかには非公開の品もいくつか含まれていた。Wolfgang Herrmann, *Gottfried Semper: In Search of Architecture*, The MIT Press, Cambridge & London, 1984, pp.24, 268n.91 を参照。〉

36 注目すべきは、コルサバードとニムルドからもたらされたアッシリアのアラバスターのパネルに施されていた色彩のほとんどが消えていたことである。残された跡から補完すれば、明らかに、色彩が存在していたに違いない。現存する痕跡はエジプトやギリシアの着色とは対照的に、厚くは塗られておらず染色されたようだった。塗料の大部分を植物性成分が占めていたものと推定される。

37 これは、家具製作において接合部を隠す方法として、今日なおたいへん一般的なものである。

38 芸術の不死鳥がいかにしてキリスト教時代にそこから再び新たに舞い上がったのかということまで、ここでは追跡するには及ばないだろう。

39 スラヴ系とドイツ系の諸部族が混在するドイツの地域、例えばメクレンブルク［Mecklenburg：ドイツ北東部の地域］やホルシュタイン［Holstein：ユトランド半島付根の地域］といっ

たところでは、ある集落がどの部族を起源としているかについて、集落の形式からただちに分かる。ドイツ系の村落と都市はすべて、河川に沿って帯状に建設され、市壁を持たない。それに対してスラヴ系の入植地は、整然とした市場を中心に集中的な形式を採り、環状の市壁を有している。

40 [Johann David Michaelis 訳独語旧約聖書（1789）] イザヤ書23章13節：カルデア人の国を見よ。この国の民はほんの少し前まで存在していなかった。アッシリア人が堤防を築いて、その地を荒野の住民に与えたのだ！　彼らが放浪する民の集団を住まいに定住させ、その地に宮殿を建てたのである。

41 今日でもなお、聖なるカーバ神殿がそうである。

42 最古の塔門(パイロン)は二分されておらず、ひとつの量塊をなしていた。その形式は神室あるいは聖櫃(セコス)を模倣したものだった。

43 古代の神殿が実際に暫定的なものからそのように徐々に形成されたとは考えられない。そうではなく、明らかに、人工的で階級的なエジプトを統率していた者が、その創造にあたって自然からモチーフを学び取ったのである。これは、断じて仮説などではなく、決定的な真実だ！　聖書、そしてソロモン神殿の成り立ちを知っていて、このことをまだ疑うことができるだろうか。

44 ドイツ語には、フランス語の Sens／感覚・意味・方向にあたる概念を満たす言葉がない。Sinn を持たない形式とは、前後の区別がつかないような形式のことである。

45 αἱ πύλαι、つまり Pforte／門は、トルコ人が今日この言葉を用いるのと同じような意味を持っていた。それは支配者の居所、その統治の座を表したのである。［トルコでは、1918 年以前に政府があったサルタン宮殿を die Hohe Pforte と呼んだ。］

46 今日でも、モスル［Mossul：チグリス川を挟んでニネヴェの遺跡が存在する都市］では類似の地下室で夏を過ごす。

47 それでも、ギリシア人は彼らの神殿のモチーフを、ほとんど何ひとつそこから採り入れなかった。

48 ペリボルスの壁体の外側に、列柱廊を巡らせる、あるいは、アテネにあるオリュムポスのユピテルを祀った神殿［Olympieion］に見られるように、円柱で支持されたコーニスを巡らせて、列柱廊のようなものを仄めかすといったことは、ローマ人のもとではじまった慣習のようである。

49 Sacellum／祈祷所は、しばしば刺繍の施された天蓋（バルダッキーノ）として、ただ理念的に存在するだけだった。

50 テクストに述べたような神像へと至る効果の高まりに休止が挟まれるという事態は、ギリシア人の建築芸術が本質的に外部に関わるものであるという（今日美学上の常套句となっている）見方を導くであろう。しかし、それはこの事態をどう理解するかによる。同様に正しく、あるいは同様に誤って、ギリシア人の建築芸術を本質的に内部に関わるものと評価することも可能だろう。この論点に関しては、アジアのペリボルスが基本理念をなしている。この理念は内部のある聖化された存在から外界を締め出すという概念に直結し、そこではこれが三度か四度繰り返されている。また、豪華な門も欠けてはおらず、こうした門がゴシックの教会堂やエジプトの神殿のそれと同様に内部を強く示唆している。結局、神像に至る芸術効果の高まりとは、次々に内部を指示するということになる。神殿の外観を除けば、すべては内部的、すなわち中庭建築と言える。そして、周柱式神殿の場合には神殿の外観でさえ、通常は中庭の内壁面を巡る列柱廊を神殿の壁体に沿

わせることによって、中庭建築内部に属するものへと変換されているのだ。内陣の壁体を神殿**本来の**外縁と見做すべきであるということは、柱廊内側の神殿壁体を巡っている完全なエンタブラチュアを見ればはっきりと分かる。このエンタブラチュアは、それに結びついたこの理念なしには存在理由を失ってしまうだろう。確かに、神殿全体を覆う切妻屋根はこれとは相容れないようであるが、それはギリシアの建築芸術における矛盾のひとつに過ぎない。こうした矛盾はこの理念が意図するところの範囲内である。他の矛盾はなお一層重大なもので、それはすなわち、露天式で内陣を設けることである。この件について我々がどのように考えていようと、つまり内部は完全に上方に開かれていた、あるいはバシリカの手法で一段高い独自の屋根を備えていたとしても、さらには（ファーガソン［James Fergusson, 1808-1886：スコットランドの建築史家］の言うように、）突き出た小さな天窓によって照明されていたとしても、何れにしても、このような組織的に両立しがたい（屋根と囲いという）ふたつの建築要素の奇妙な異種交配に対して感じる疑念は、決して完全には除かれない。ところで（これは、ずっと前［の第Ⅳ章末］に引いたクーグラーの論考からの一節に関連するものとして述べるのであるが）、もし列柱廊を前面に置くことで内陣壁体が中庭建築に属するものへと変換されるとすれば、また、もし神殿の外観をその内部や周辺環境と調和させることが、神殿を拡張することに次ぐ列柱廊付加の理由に違いないとすれば、内陣壁体の外側が、周柱式とされた内部の壁面や神殿周辺の壁面と同じように着色されていたという推測にも筋が通る。たとえイン・アンティス式神殿などの壁体が、当初、アンティキュラの神殿

がその事例とされているような剥き出しの石積みであったとしても、裸の内陣の周囲に列柱廊が巡るとすぐにこの着色が必要になったのだ。

　古典建築が外面的であるかどうかということにもう一度戻ると、比較的重要な建築形式で、起源においてそこに込められていた中庭の概念から生じていないものなど、本来存在しないのだ。これについてはすでにエジプトの神殿によって証明しておいた。しかし、ゴシックの大聖堂(カテドラル)もまたヴォールト天井を架けたバシリカである。つまり、中央の空いた空間を比較的高い屋根を架けることによって内部化したある種の中庭なのだ。ゴシックの建築工匠自身、その意味を完全に意識していたのであり、そのことはトリフォリウムの窓のトレーサリーや中央の高いヴォールト天井の金の星で飾られた紺碧の地に示されている。

　古代のパンテオンやビザンチンの大聖堂(ドーム)でさえ、ドーム天井を架けたアトリウム以上のものではない。アトリウムがしばしば円形であったことは、プリニウスの手紙によってすでに周知の事柄である。それは、ウィトルウィウスの言う atria testudinata／ドーム式アトリウム、あるいは testudine tecta／ドーム式屋根である。［testudo とは亀の甲のことであり、建築的には中央部のむくれ上がった形を意味する。したがって、アーチ、ヴォールト、ドーム、何れも testudo と表現される。］

51　ホメロスは、周柱式中庭についてはまだ言及していないものの、多層建築で取り囲んだアッシリアの多柱式ホールについてははっきりと記述している。

52　Gaius（Titus）Petronius, *Satyricon*, cpt. I.［岩崎良三訳「サテュリコン」『世界文学大系 64 古代文学集』筑摩書房、1961 年、

279-363頁の第1部に、「……あらゆるものが白髪の老年に達する力を欠いている。絵画もまた、傍若無人なエジプト人がこの高尚な芸術への近道を見出して以来、同じ運命をたどったのである。」とある。]

53 全体を通して、彫塑のことはほとんどまったく論じていない。というのも、ここでは古代の流儀に従って、それを装飾的要素として完全に絵画と等しいものと見做しているからであり、また、どのような浮彫りであれ周到に効果を計算した結果に過ぎないと認識しているからである。彫刻作品が全体に適合し、かつ、その固有性を主張するには、どこかある位置において効果をあげなければならない。

　ところで、明らかな古代の彩色被覆の痕跡を皆が認めようとしないということには、はっきりとした悪意がある。エルギン大理石にさえ度々の洗浄にもかかわらずその痕跡がなおも残っているのだ。

　古代の彫像に関してなお言い添えておかなければならないことがある。古代の彫像のほとんどに見出される繊維質の斑、これは彫像が埋まっているあいだにその表面に付着した植物の根であると見做されており、イタリアの好古家によって「無垢[vergine]」と呼ばれている。その部分は樹脂状の被覆によって養分を求める根の害を免れていたのである。

54 所有地の境界をなしている壁体に透視図法を適用することで中庭を視覚的に延長するという、北イタリアでたいへん好まれたモチーフが、これにあたる。

55 多くの場合、煉瓦造には編み細工や石材の接合部とも合致する装飾が可能である。これについては、非常に美しくまた注目すべき事例が古いイタリアの建築様式に見出される。

56 新しい世界史的理念が開かれていなかったなら、トラレスのアンテミオス[Anthemios, 534頃没：ユスティニアヌス帝(Justinian I, 482頃-565, 在位：527-565)の命を受け、ハギア・ソフィアを現在のかたちに再建(532-537)した小アジア、トラレス(Tralles)出身の建築家]やミレトスのイシドロス[Isidoros：アンテミオスとともにハギア・ソフィアを再建した小アジア、ミレトス(Milet)出身の建築家]でも、建築の新しい基本形式を創造するほどの独創性は絶対に発揮できなかっただろう。建築の基本形式は世界史的理念の表現なのだ。こうした理念がコンスタンティヌス大帝[Konstantin der Große, 272頃-337, 在位：306-337]の意識に浮かんだのは、彼が、表面的なキリスト教信仰によって、新しく建設された首都コンスタンティノープルのために、西ローマのキリスト教バシリカを採用するのではなく、ローマ式の自宅の Tablinum / タブリヌム[アトリウムの奥に位置し、アトリウムに開いた主要室]の前に彼のキリスト教神に捧げる祭壇を設けたときであった。その背の高い Atrium testudinatum / ドーム式アトリウムがあらゆるギリシア正教会の「大聖堂(ドーム)」のモデルとなったのである。ドーム(クーポラ)を持つのちのあらゆる神殿の萌芽を含んだこの形式の最も古くて簡素なものには、ローマ式住宅の主要な構成要素がすべて揃っている。このことは容易に証明できる。aula / 前庭、prothyron / 玄関口、vestibulum / 玄関の間、atrium / アトリウム、[アトリウムに開いたアルコーヴ状の]ala / 小部屋、tablinum / タブリヌム、そして、周柱式の中庭や皇帝の宮殿内部へと導く fauces / 入口さえも欠いていない。皇帝に新しい教えを受け入れる気にさせた彼自身のこの着想は、こうして建築的に具体化された。そして、キリストはその新しい住まいへと現世

的権力の守護神として引き入れられることになった。

　力強く精力的に追求された新しい世界史的理念がどこにも表れていないのに、現代の建築家を創意が欠如しているとして非難するなら、それはなんと不当なことであろうか。新しい着想に触れることができれば、我々はすぐにでもそれに相応しい建築的表現を見出すであろう。それまでは古いものに甘んじなくてはならない。

57　サン・ピエトロ大聖堂は対照的なものを単につないでいるに過ぎない。それは教皇に隷属する聖職の表現である。

ゼムパー　建築芸術の四要素（訳註）

訳註

1　フリードリッヒ・クラウゼ（Friedrich Krause）はドレスデンの男子学校で校長を務めていた人物。ドレスデンで革命運動にともなう市民蜂起に参加し、1849年にパリに亡命していたゼムパーに助けの手を差し伸べた。Wolfgang Herrmann, *Gottfried Semper: In Search of Architecture*, The MIT Press, Cambridge & London, 1984, pp.18-19, 267n.59 参照。

2　Antoine-Chrysostome Quatremère de Quincy, *Le Jupiter olympien: l'art de la sculpture antique considéré sous un nouveau point de vue*, Paris, 1815.〈1〉

3　原註53参照。

4　ギリシアのオスマン朝トルコ支配に対する反乱であるギリシア独立戦争は1821年にはじまり、イギリス・フランス・ロシア連合軍の介入によって1827年に事実上終結した。この事件は熱心にヨーロッパに報道され、一般に西洋文化の精神的源流を解放する近代の十字軍と捉えられた。最終的に、ギリシアの独立は1830年のロンドン議定書で決定され、1832年のコンスタンティノープル条約で承認されている。〈2〉

5　Jacques-Ignace Hittorff & Ludwig von Zanth, *L'Architecture antique de la Sicile*, Paris, 1827.

6　ポリクロミー論争の詳細については、David Van Zanten, *The Architectural Polychromy of the 1830's*, Garland Publishing, New York, 1977 参照。特に、ゼムパーをめぐる論争の経過については、Harry Francis Mallgrave, *Gottfried Semper: Architect of the Nineteenth Century*, Yale University Press, New Haven & London, 1996, pp.25-64, 177-189 参照。ポリクロミー論争の概略は、本書解説にも述べておいた。

7 　ゼムパーの古代遺跡調査旅行の詳細については、*Ibid.*, pp.38-53 参照。その概略は、本書解説にも述べておいた。

8 　ジュール・グーリー（Jules Goury, 1803-1834）はギリシアを発った後、オーウェン・ジョーンズ（Owen Jones, 1809-1874）とともに中東、エジプト、スペインを巡った。そして、原註2で言われるシリアではなく、グラナダの地で 1834 年の夏に没した。アルハンブラの調査中であった。それまで彼は、パリのエコール・デ・ボザールにおいてアシル・ルクレール（Achille-René-François Leclère, 1785-1853）に師事していた。〈3〉

9 　Gottfried Semper, *Vorläufige Bemerkungen über bemalte Architectur und Plastik bei den Alten*, Johann Friedrich Hammerich, Altona, 1834. 詳しくは、Mallgrave, *op.cit.*, pp.53-62 参照。この覚書はのちに、ゼムパーの論文集 *Kleine Schriften*, Berlin und Stuttgart, 1884, S.215-258 にも所収されている。

10 　このポリクロミーを扱うために計画されていた著作は、*Die Anwendung der Farben in der Architektur und Plastik*（『建築と彫塑における色彩の利用』）と題されていた。著作刊行のための財政的手段を見出せなかったゼムパーは、6枚の試し刷りを行った後、その出版を見合わせた。Gottfried Semper, *The Four Eelements of Architecture and Other Writings*, tr. by Harry Francis Mallgrave & Wolfgang Herrmann, Cambridge University Press, New York, 1989, pp.13-14 参照。〈4〉

11 　ゼムパーは、古代遺跡調査旅行でローマ近郊タルクイーニア（Tarquinia）のエトルリア墳墓群を調査し、その成果として壁画の彩色図面も残している。「より古い時代のイタリア人の伝統」というのは、エトルリアを指すものと考えられる。

12 　バンベルク大聖堂の大規模な復原は、1826 年にルートヴィヒ

1世（Ludwig I, 1786-1868, 在位：1825-1848）によってはじめられた。最初に監督に当たったのは建築家で画家であったフリードリッヒ・カール・ルプレヒト（Friedrich Karl Rupprecht, 1779-1831）で、まず内装の漆喰が取り除かれた。1831年のルプレヒトの死後、建築家カール・アレクサンダー・フォン・ハイデルホフ（Karl Alexander von Heidelhoff, 1789-1865）が、さらに1834年にはフリードリッヒ・ゲルトナー（Friedrich von Gätrner, 1792-1847）がこれを継いだ。内装は1837年末までに、外装は1841年までに大部分の完成をみた。〈5〉

13　パリのサント・シャペルの復原は、フェリックス・ジャック・デュバン（Félix-Louis-Jacques Duban, 1797-1870）の監督のもと1837年にはじまったが、数年のうちにジャン・バティスト・アントワーヌ・ラシュス（Jean-Baptiste-Antoine Lassus, 1807-1857）によって引き継がれた。ヴィオレ・ル・デュク（Eugène Emmanuel Viollet-le-Duc, 1814-1879）がその助手を務めていた。〈6〉

14　この一文は、ゼムパーの断片的な初期草稿（MS83, ETH-Hönggerberg）では、本書冒頭文の直後に置かれている。ゼムパーはのちの推敲の際に、ポリクロミーを扱う著作を断念した理由を詳しく語った先行部分を、必要な文章上のつなぎをとらずに挿入したらしい。そうであれば、「あのころ」を「カトルメール・ド・カンシーの書物が出版された当時」と理解できる。〈7〉

15　原註2参照。

16　2つの著作とは、Paul-Émile Botta, *Monument de Ninive*, 5 vols., Paris, 1849-1850 と Austen Henry Layard, *The Monuments of Nineveh*, London, 1849 である。しかし、これらのタイトルは誤解を招くものである。実際には、ボッタ（Paul-Émile Botta,

1802-1870）はコルサバードの遺跡を記録したのであり、レヤード（Austen Henry Layard, 1817-1894）はニムルドの街を発掘したのだった。本物のニネヴェは、レヤードが 1849-1851 年に行った二度目のメソポタミア調査旅行の時に発見された。ボッタとレヤードの努力による発掘品は、それぞれルーヴル美術館と大英博物館に収められている。〈8〉

17　M. E. Flandin & Pascal Coste, *Voyage en Perse pendant les anées 1840 et 1841*, 6 vols. in 4, Paris, 1851. テクシエ（Charles-Flélix-Marie Texier, 1802-1871）の多くの旅行記中、最も有名なものとして、*Description de l'Asie Mineure*, 3 vols., Paris, 1838-1848. 〈9〉

18　Francis Crammer Penrose, *Investigation of the principles of Athenian architecture: optical refinements in the construction of ancient buildings at Athens*, London, 1851.〈10〉

19　Jacques-Ignace Hittorff, *Restitution du temple d'Empédocle à Sélinonte, ou l'architecture polychrome chez les Grecs*, Paris, 1846-1851. このイットルフ（Jacques-Ignace Hittorff, 独：Jakob Ignaz Hifforff, 1792-1867）の豪華な大型本（フォリオ）は 1820 年代に行われた彼の調査に僅かな修正を加えて公開されたもので、ゼムパーはパリに住んでいた 1849-1850 年にその最終図版を目にしている。〈11〉

20　ピュティア（Pythia）はデルフィのアポロン神殿の巫女で、三脚台の上に座って神託を告げた。本章では、ピュティアの告げた神託の解釈をめぐる、フランツ・クーグラー（Franz Theodor Kugler, 1808-1858）に対するゼムパーの批判が展開される。

21　ゼムパーはここで、訳註 9 に掲げた旧著の書名を実際よりも

幾分説明的なものに修正し、*Vorläufige Bemerkungen über die Anwendung der Farbe an den Werken der Architectur und Sculptur bei den Alten* と記している。

22 このフランツ・クーグラーの論考 *Ueber die Polychromie der griechischen Architectur und Sculptur und ihre Grenzen* は 1835 年にはじめて小冊子のかたちで出されたのち、彼の論文集 *Kleine Schriften und Studien zur Kunstgeschichte*, vol.1, Stuttgart, 1853, S.265-327 に所収され再出版された。また、ハミルトン（William Rowan Hamilton, 1805-1865）によるその英語部分訳 "On the Polychromy of Greek Archtecture" が、*Transactions of the Institute of British Architects of London*, Sessions 1835-1836, vol. I, part I, London, 1836, pp.73-99 に掲載されている。〈12〉

23 Franz Theodor Kugler, *Kleine Schriften und Studien zur Kunstgeschichte*, vol.1, Stuttgart, 1853, S.267.〈13〉

24 色の飽和度は色の純粋さを表し、一定の色調の色における灰色の含有量によって決まる。灰色が少なくなれば飽和度は高くなり、多くなれば低くなる。飽和状態とはまったく灰色を含まない状態である。

25 色彩を重視するネーデルランドとイタリアの画家の比較とは、レンブラントとティツィアーノとの比較などが想定されているものと考えられる。

26 パウサニアス（Pausanias, 2c）はギリシア各地を直接見聞し、各地の歴史、地誌、風習、宗教、遺跡、美術などを取り上げた *Periegesis tes Hellados*（馬場恵二訳『ギリシア案内記 上・下』岩波文庫、1991・1992 年、ただし、これは部分訳で、全訳としては飯尾都人訳『ギリシャ記』龍渓書舎、1991 年）を著した。ギリシアのほかにも、イタリア、パレスチナ、エジプトなど

にも旅行した。生没年は不明、小アジアのリュディア地方出身のギリシア人とする説が有力である。

27 Kugler, *op.cit.*, S.271.〈14〉
28 *Ibid.*, S.269.〈15〉
29 *Ibid.*〈16〉
30 *Ibid.*, S.270.〈17〉
31 アンティキュラ（Anticyra）はデルフィ南東約 15km、パルナッソス山南の沿岸部に位置する都市。パウサニアスのアンティキュラに関する記述のなかに、「アンティキュラの広場には青銅の肖像彫刻が並び、港にはポセイドンの大きくはない聖所があって、このほうは自然のままの石材で建てられている。内部は漆喰で固められている。」（馬場訳『ギリシア案内記 下』318 頁）とある。
32 キュクロプス式は前古典期のギリシアで用いられた積石方法。巨大な石材をそのまま積み上げて構成されるもので、大型石材の乱石積みと見做すこともできる。
33 ラムヌス（Rhamnus）には大小 2 つの神殿が隣接しており、ここで言われる「小神殿」は、ネメシス神殿に隣接し、宝庫として使われていた小規模なイン・アンティス式のテミス神殿を指している。
34 Kugler, *op.cit.*, S. 270.〈18〉
35 原註 50 参照。
36 ゼムパーが問題にしているのは、Kugler, *op.cit.*, S.270-271 の次の部分である。「我々はローマ統治下で生じた多彩な大理石に対する偏愛を知っている。プリニウスはこうした空しい趣味を非常に残念がり、次のように続けている。『**我々は石積みに彩色することさえはじめたのだ。これはクラウディウスの治世に発**

明されたものであった。一方、ネロの治世には、浮き彫りした大理石の表面にはなかった斑紋を挿入することによって、単調さに変化を与える方法が発見された。』大理石神殿への塗装がもし 500 年来行われていたのだとすれば、プリニウスがそうしたギリシアの慣習を知らないままでいただろうか。また、彼は何の根拠もなく、クラウディウスの治世下を大理石彩色のはじまりとするだろうか。そのようなことは決してないだろう。」この「石積みに彩色すること」を、原註 9 もあわせて推せば、ゼムパーは「着色することで大理石の色合いと石目を模造すること」と捉えているのに対して、クーグラーは「大理石神殿への塗装」・「大理石（に）彩色（すること）」と捉えていると考えられる。両者のあいだには解釈にずれがあるだろう。

37 *Ibid.*, S.271.〈19〉

38 相矛盾する意味を孕むことで有名な神託。「汝らギリシア人たちに告ぐ、汝らはローマ人を征服できるだろう。」あるいは「汝らに告ぐ、ローマ人はギリシア人を征服するであろう。」というまったく逆の 2 つの意味に解釈できる。

39 ヘロドトス（Herodotus, B.C. 484 頃–425 頃）の歴史書 *Historiae* の Friedrich Lange 訳 *Die Geschichten des Herodotos* は、1811 年に最初の部分が刊行され、1824 年に全 2 巻の改訂版として出版された。その後、幾度か版を重ねている。〈20〉

40 Herodotus, *Historiae*, III, 57-58. 本訳文は、松平千秋訳『ヘロドトス 歴史 上』岩波文庫、1971 年、370-371 頁の訳文を、本文の文脈に沿うように一部改めたものである。〈21〉

41 Kugler, *op.cit.*, S.271.〈23〉

42 アテネの古代アゴラに位置する炎と鍛冶の神に捧げられた

Hephaisteion（ヘーパイストス神殿）で、Theseion（テセウス神殿）として知られる。紀元前5世紀に建造された6柱周柱式の代表的ドリス式神殿。

43 Gottfried Semper, *Vorläufige Bemerkungen über bemalte Architectur und Plastik bei den Alten*, Johann Friedrich Hammerich, Altona, 1834, S.48-49. ただし、強調はゼムパー自身によって新たに加えられたものである。〈24〉

44 ここでゼムパーが引用しているドナルドソン（Thomas Leverton Donaldson, 1795-1885）の報告は、クーグラーの論考のハミルトン訳への脚註として、*Transactions of the Institute of British Architect of London*, Sessions 1835-1836, vol. I, part I, London, 1836, pp.85-86 に載せられているものである。訳註22参照。強調はゼムパーによって新たに加えられたものである。〈25〉

45 ここは、ゼムパーがテセウス神殿のひとつの壁端柱の頸部において青い塗装片を発見したことと、表面上それとは矛盾するシャウベルト（Eduard Schaubert, 1804-1868）の報告、つまり、彼が同じところに黄色い塗装を見つけたと主張していることを、クーグラーが結びつけて論じていることを承けての記述である。シャウベルトはブレスラウ生まれで、ベルリンで建築家としての教育を受け、1831年から1844年のあいだ土木局の主任建築家および局長としてアテネに住んだ。シャウベルトの報告はフォン・クワスト（Alexander Ferdinand von Quast, 1807-1877）によってまとめられ、"Nachrichten aus Griechenland, nach mündlichen Nachrichten des Hrn. Schaubert" として *Museum. Blätter für bildende Kunst*, 32, 1833 に公表されていた。ゼムパーがペロポネソス半島へ向けて出港したのは1831

年10月であった。〈26〉

46　『建築芸術の四要素』の英訳者マルグレイヴは未確認としながらも、これは Alexander Ferdinand von Quast, *Mittheilungen über Alt und Neu Athen*, Verlag von George Gropius, Berlin, 1834、あるいは Alexander Ferdinand von Quast, *Das Erechtheion zu Athen*, Verlag von George Gropius, Berlin, 1840 を指すものとしている。〈27〉

47　これは、ゼムパーが、*Frankfurter Museum* 初出の "Reiseerinnerungen aus Griechenland"（in Gottfried Semper, *Kleine Schriften*, Berlin und Stuttgart, 1884, S.429-442）で、コルネトにある墳墓の壁画について触れたことを指しているようである。コルネト（Corneto）は現在、タルクイーニアとして知られている。〈28〉

48　Σφεγγίτης は高価な石の名称で、sponge-stone を意味する。ゼムパーはアラバスター、つまり縞大理石の海綿状の文様から、これを Σφεγγίτης（sponge-stone）と見做している。

49　エレクテイオンのプロピュライアに面する西側ファサードに設けられた開口部を指すものと考えられる。

50　イギリスの画家エドワード・ドッドウェル（Edward Dodwell, 1767-1832）はオスマン朝トルコ支配下のギリシアを旅して、1821年に独語訳が出版された *A Classical and Topographical Tour Through Greece: During the Years 1801, 1805, and 1806*, Rodwell and Martin, London, 1819 や、多くのカラー図版からなる *Views in Greece*, Rodwell and Martin, London, 1821 といった考古学に関わる著作を残した。

51　ミネルヴァは家政を司るローマの女神であるが、ギリシア神話のアテーナーと同一視される。

52　このミューラー（Carl Otfried Müller, 1797-1840）の大理石の

仕上げに関するコメントは、*Göttingische gelehrte Anzeigen*, 1, 1834 に掲載された、彼のゼンパーの前著『覚書』に対する批評で述べられたものである。ミューラーの批評は、彼の元学生であるゼンパーに対して敬意を払うものであったが、彼は、仮にもし後から彩色を施すのなら、どうしてギリシア人は、(エレクテイオンの碑文によれば、) 大理石を仕上げたのであろうかと問うていた。ポリクロミー論争におけるミューラーの態度はこの時点では曖昧なものであったが、のちにポリクロミーを好んで支持するようになった。George Scharf Junior, "On the Polychromy of Sculpture: Being Recollections of Remarks on This Subject, by C. O. Müller, at Athens, in 1840" in *The Museum of Classical Antiquities: A Quarterly Journal of Architecture and the Sister Branches of Classic Art*, vol.1, London, 1851, pp.247-255 参照。〈29〉

53　Kugler, *op.cit.*, S.279 〈30〉

54　エルギン大理石（Elgin Marbles）とは、駐トルコ英国大使エルギン卿トーマス・ブルース（Thomas Bruce, 1766-1841）が 1801-03 年に当時オスマン朝支配下にあったアテネのパルテノン神殿などから持ち去った古代ギリシア彫刻で、1816 年に売却され、大英博物館のコレクションとなった大理石彫刻群。

55　エルギン大理石に関する調査委員会の報告については、*Transactions of the Institute of British Architect of London*, Sessions 1835-1836, vol.I, part II, London, 1842, pp.102-108 を参照。これによれば、この調査委員会の会議は二度開かれている。第 1 回会議は 1836 年 12 月 13 日に開かれ、エルギン大理石について議論された。第 2 回会議は 1837 年 6 月 1 日に開かれ、ギリシア建築に残る色彩の痕跡について検討された。第 1 回会議

の報告は結論に達していないが、エルギン大理石が少なくとも二度、博物館側によって、残った色彩を消し去るに十分な石鹸ならびに他の酸性洗剤でもって洗浄されたことを指摘している。〈31〉

56　*Athens and Attica: journal of a residence there*, London, 1836 の著者であるワーズワース（Christopher Wordsworth, 1807-1885）は、イギリスの高位聖職者・学者である。詩人ワーズワース（William Wordsworth, 1770-1850）の末弟にあたる。

57　ヘカトンペドン（Hekatompedon）とは、the 100-footer（百尺）を意味しており、100 ペドンの全長をもつ神殿のことである。ここでは特に、パルテノンの前身にあたるアテーナー古神殿を指している。アテーナー古神殿が実際にあった場所はパルテノンの北側で、ほぼエレクテイオンに接する位置であった。

58　ゼムパーはテクストに示していないが、会議の記録とされる以上の部分は、エルギン大理石調査委員会に宛てられたブレースブリッジ氏（Charles Holte Bracebridge, 1799-1872）の書簡からの逐語訳である。1837 年 4 月 17 日付けのこの書簡は、*RIBA Transactions*, 1842, pp.104-105 に公開されている。ゼムパーは強調を新たに加え、改行を変更するとともに、［ ］内の部分を削っている。また、この引用最終段落はもともと、「真新しいペンテリコン産大理石の眩しい白さを考慮するだけで、［アッティカのより古い古代神殿における慣習的色彩使用の模倣を超える、］こうした色彩使用のわけが明らかになるだろう。なぜなら、特に（中略）であろうからである。」となっていたのを、［ ］内のニュアンスを若干変えながら付言として後置している。〈32〉

59　原註 23 に示されているこのファラデーの鑑定は T. L. ドナルド

ソンからの依頼によって行われ、ファラデーからドナルドソンに宛てられた書簡に報告されたものである。1837年4月21日付けのこの書簡は、*RIBA Transactions*, 1842, p.106に公開されており、それによれば、Eの項の顔料はa carbonate of copper、つまり「酸化銅」ではなく、Aの項にもある「炭酸銅」となっている。

60 クーグラーは "Antike Polychromie" in *Deutsches Kunstblatt*, Bd.3, 1852, Nr.15-16, S.129-131, 137-139 において、ゼムパーへの再批判を試みているものの、再び論争に発展することはなかった。また一般的にも、『建築芸術の四要素』がすぐに大きな反響を呼ぶことはなかった。

61 Semper, *Vorläufige Bemerkungen*, S.21-22 に補足が加えられている。〈33〉

62 蝋画（Enkaustik）は古代の代表的絵画技術で、熱した蜜蝋で溶いた顔料で描くもの。熱で基底材に顔料層を定着させ、独特の光沢を生じた。原義は「焼入れ画」という意味。

63 ギリシアの彫刻家フィディアス（Phidias, B.C. 490頃-430頃）は、パルテノン神殿建設の総監督として、神殿に安置する高さ12mにも及ぶアテーナー・パルテノス（ミネルヴァ）像を象牙と黄金で制作したとされる。

64 『旅の慰み (*Consolation in Travel, or the Last Days of a Philosopher*)』(in *The Collected Works of Sir Humphry Davy*, ed. by John Davy, vol.IX, Smith, Elder and Co. Cornhill, London, 1840, pp.207-388) は、ハンフリー・デーヴィ（Humphry Davy, 1778-1829）の死の直前に著され、1830年に刊行された。著者はファラデーが助手を務めたことでも知られるイギリスの化学者。

65 この引用の直前に、「さしあたり、内陣の外壁面は色彩による

完全な塗装が許容される部分のひとつであるように思われる。それによって、円柱の配列は外観においていっそう効果的に現れるに違いない。」とある。引用文は、これを含めて一段落のまとまりをなしている。前後の文脈から、この種の効果とは、白い円柱と塗装された壁面の対照によって奥行きを強調する、一種の陰影効果を指すものと考えられる。

66 このクーグラーによるウィトルウィウス（Vitruvius, B.C. 1c）への言及は、*De architectura*, Lib.III, iii（森田慶一訳註『ウィトルーウィウス建築書』東海大学出版会、1969 年、140-151 頁）の内容に対応するものである。ただし、ウィトルウィウスのヘルモゲネス（Hermogenes, B.C. 200 頃：ギリシアの建築家）への賞賛は、二重周柱式の導入に対してではなく擬二重周柱式（八柱二重周柱式から内側の 34 本の柱列を取り去った形式）の導入に対してのものである。

67 Kugler, *op.cit.*, S.305.〈34〉

68 原註 50 参照。〈35〉

69 ホメロス（Homeros, B.C. 800 以前）はギリシア最古・最大の叙事詩 *Ilias* と *Odysseia* の作者。ヘシオドス（Hesiodos B.C. 700 頃）はホメロスよりややのちのギリシアの詩人で *Theogonia*（『神統記』）の作者。

70 訳註 16 参照。

71 ムルガブ（Murghab）とイスタフル（Istakhr）の記念建造物とは、パサルガダエ（Pasargadae）とペルセポリス（Persepolis）の遺跡をそれぞれ指している。〈36〉

72 πίνακες, tabulae はタブロー（tableau）の語源で、板を意味する。

73 Marcus Tullius Cicero, *Verrine Orations*, II, 55, 122. 本訳文は、大西英文・谷栄一郎・西村重雄訳『キケロー選集 5 法廷・政治

弁論V』岩波書店、2001年、296頁の訳文を、本文の文脈に沿うように一部改めたものである。ローマの政治家ウェッレース（Gaius Cornelius Verres, B.C. 43頃没）はシチリア総督として甚だしい搾取を行ったため、キケロ（Marcus Tullius Cicero, B.C. 106-43）の弾劾を受け流刑された。Cicero, *Verrine Orations* はその弾劾演説。〈37〉

74 出版されたテクストにある「古代の石造神殿（alten Steintempeln）」は、ゼムパーの残した草稿（MS78, fol.27）では「すべての石造神殿（allen Steintempeln）」となっている。〈38〉

75 ディオドロス（Diodorus, B.C. 1c末生）はシチリア生まれの歴史家で、古代の史書を採録した歴史叢書 *Bibliotheca Historica* を著した。ストラボン（Strabo, B.C. 64-21以後）はギリシアの地理学者・歴史家で、その歴史書は失われたものの伝説・史実を含んだ地理書 *Geographica* の大部分が現存している。ヘロドトスの *Historiae*、ディオドロスの *Bibliotheca Historica*、ストラボンの *Geographica* におけるアッシリアの都市・建築に関わる主な記述としては、Herodotus, *Historiae*, I, 178-183（松平千秋訳『ヘロドトス 歴史 上』岩波文庫、1971年、154-158頁）にあるバビロンに関するもの、Diodorus, *Bibliotheca Historica*, XVII, 70-72（森谷公俊「ディオドロス・シクロス『歴史叢書』第一七巻「アレクサンドロス大王の歴史」訳および註（その三）」『帝京史学』第27号、帝京大学文学部史学科、2012年2月、145-147頁）にあるペルセポリスに関するもの、Strabo, *Geographica*, XV, 3, §2-9（飯尾都人訳『ストラボン ギリシア・ローマ世界地誌 II』龍渓書舎、1994年、440-444頁）にあるスサとペルセポリスに関するもの、*Ibid.*, XVI, 1, §5（飯尾訳、前掲書、457-460頁）にあるバビロンに関するものがある。

76 クーグラーによるパウサニアスからの引用にあるアンティキュラの神殿については、第Ⅱ章中程 (25頁)、および、原註50 で取り上げている。

77 ギリシア語で神殿を意味するナオスは、狭義には、神殿のうち内陣とその前・後室からなる神殿本体を指し、広義には、この神殿本体の外側を巡る列柱廊をも含んだ神殿全体を指す。

78 訳註 75 参照。

79 Botta & Flandin, *op. cit.*, vol. 2, 1850, pl. 114, 141. Austen Henry Layard, *Nineveh and Its Remains*, vol. 2, London, 1849, pp.273-274. ほかに、Georges Perrot & Charles Chipiez, *A History of Art in Chaldæa & Assyria*, vol 1, tr. by Walter Armstrong, Chapman and Hall, London, 1884, Fig. 41, 42, 190 参照。また、訳注 75 参照。特に、Herodotus, *Historiae*, I, 181 (松平訳、前掲書、156 頁)。

80 ペリボルス (Peribolus) とは聖域を囲む壁、あるいは、その壁で囲まれた区域を指す。

81 テクストでは Salambek と綴られているが、これはトルコ語源の Selamlik を指すものと考えられる。宮殿や家屋において男性に割り当てられる一画、特に応接の間を表す言葉である。

82 訳註 75 参照。特に、Herodotus, *Historiae*, I, 180 (松平訳、前掲書、156 頁)。

83 訳註 75 参照。特に、Diodorus, *Bibliotheca Historica*, XVII, 71 (森谷、前掲書、146-147 頁)。

84 ニヌス (Ninus) は伝説上のアッシリア王で、ニネヴェの都を築いた建国の祖とされる。王位を継承して女王となったその妻セミラミス (Semiramis) が、バビロンをはじめとする多くの都市を建設したとされる。

85 ボッタが紹介したコルサバードのレリーフには、ドリス式柱

頭の上にイオニア式柱頭を重ねたような円柱 2 本を壁端柱(アンタ)のあいだに備えたイン・アンティス式の神殿と、切妻屋根の上にアクロテリアを載せ壁面を捧物で飾った神殿が描写されている。ただし、前者は切妻屋根ではなく、後者はイン・アンティス式ではないし円柱に柱頭の表現もない。しかし、正面 6 本の各円柱のあいだに壁面が描写されていることから、少なくとも周柱式の神殿でもない。訳註 79 参照。

86　ς の στ の誤りとしてギリシア語を直訳すると、temple in antae、つまり、イン・アンティス式神殿となる。

87　現存するアレクサンドロス大王ことアレクサンドロス 3 世（Alexandros III, B.C. 356-323、在位：B.C. 336-323）の伝記は、本書でも言及されているディオドロスのものを含めて 5 編ある。他の 4 編を邦訳で挙げておけば、アッリアノス『アレクサンドロス大王東征記 付インド誌 上・下』大牟田章訳、岩波文庫、2001 年。プルタルコス「アレクサンドロス」井上一訳、『プルタルコス英雄伝 中』ちくま学芸文庫、1996 年、7-99 頁。ポンペイウス・トログス、ユニアヌス・ユスティヌス抄録『地中海世界史 第 11-12 巻』合阪學訳、西洋古典叢書、京都大学学術出版会、1998 年。クルティウス・ルフス『アレクサンドロス大王伝』谷栄一郎・上村健二訳、西洋古典叢書、京都大学学術出版会、2003 年となる。アレクサンドロス大王がペルセポリスを焼き払った有名な事件については、何れにも記述があるものの、ペルセポリスの建築としての具体的記述があるのは、ディオドロスのものだけのようである。訳註 75 参照。特に、Diodorus, *Bibliotheca Historica*, XVII, 71（森谷、前掲書、146-147 頁）。

88　ベロス（Belus）はニヌスの父。この名は「主君」を意味する

セム語バアルがギリシア語化したもので、ほかにも神話上の東方王家の人々の名としてしばしば現れる。

89 ヘラクレスの柱とはジブラルタル海峡の両側にヘラクレスが置いたとされる岩山を指すもので、地中海世界の人々にとっては世界の果てを意味した。スペイン側はジブラルタルの岩山が、モロッコ側は一般にセウタの岩山が、それぞれそれにあたるものである。

90 モーセの十戒における第二戒は偶像を禁止する戒律。旧約聖書出エジプト記20章および申命記5章参照。

91 カディスはテクストではHadesと綴られている。ハデス(Hades)は黄泉や冥府などの死者の国を意味するが、ここでは文脈上、フェニキアに関連する地名と考えるのが妥当であろうから、ハデスはKadesの誤りであり、イベリア半島にフェニキア人が築いた拠点カディス（Cadiz、ラテン語でGades）を指すものと判断した。

92 ヨセフス（Flavius Josephus, 37-100頃）はユダヤ人の指揮官として対ローマ戦を戦うが、ローマに投降し、その史実を *De Bello Judaico*（『ユダヤ戦記』）に著した。その後、天地創造からのユダヤ人の歴史を記した *Antiquitates Judaicae*（『ユダヤ古代誌』）を著す。ソロモンの宮殿についての記述は、*Ibid.*, VIII, 130-140（秦剛平訳『ユダヤ古代誌3』ちくま学芸文庫、1999年、51-54頁）にあるもので、その直前にはソロモン神殿についての記述がある。

93 ティレニア人とはエトルリア人のこと。コルネト（タルクイーニア）に存在する円錐形をしたエトルリアの墳墓は広く知られている。訳註11, 47参照。ティレニア人は小アジアのリュディア出身の民で、イタリアへ移住してエトルリア人の先祖となっ

たとヘロドトスが伝えている。Herodotus, *op.cit*., I, 94（松平訳、前掲書、90-91頁）参照。〈39〉
94 神話に登場するクレテス（Kuretes：Kures の複数形）は、クレタ島で幼児期のゼウスに仕えた神霊で、槍と盾を打ち鳴らしながら踊ってゼウスをクロノスから守ったとされる。コリュバンテス（Korybantes：Korybas の複数形）は、プリュギアの大女神キュベレに仕える祭司で、剣や盾、笛や太鼓を打ち鳴らしながら踊り狂ってこの女神の神性を讃えたとされる。ペラスゴイ人ないしはペラスギ人は、ギリシア人によってギリシアの先住民であったと信じられており、彼らの子孫のことはトロイの同盟者としてホメロスの叙事詩 *Ilias* に語られている。ギリシア人の侵入によって土地を追われ、ちりぢりとなった。Herodotus, *op.cit*., I, 56-58（松平訳、前掲書、50-52頁）参照。〈40〉
95 ニオベ（Niobe）は小アジアのリュディアの王の娘。ニオベは、レトの子アポロンとアルテミスが我が子より劣ると言って、レトを侮った。アポロンとアルテミスはその復讐にニオベの子全員を射殺した。
96 訳註 77 参照。
97 この一文は、初期草稿（MS81b）では、「とにかく、円柱で支持された中国の屋根からではなく、地の上のこの小屋から、外来の要素の助けを借りて、ギリシア神殿は成立したのである。」となっている。〈41〉
98 ここは、魔女メデイアが夫イアソンのために義父アイソンを若返らせたギリシア神話を下敷きにしている。メデイアは数々の薬草を釜で煎じ、それをアイソンの血管に流し込んで若返らせた、または、その釜でアイソンを茹でて若返らせたと言われる。

99 ここで論じられている西欧の長軸式教会堂と東方の集中式教会堂をめぐる問題は、原註 56 の内容を含めて、ゼムパー晩年 1869 年のチューリッヒでの講演「建築様式について」("Ueber Baustile" in Gottfried Semper, *Kleine Schriften*, Berlin und Stuttgart, 1884, S.395-426) の結論部分においても、ほぼ同様のかたちで取り上げられている。この講演は、全体としても『建築芸術の四要素』後半部分との関係が深く、建築芸術の四要素の組み合わせによって形成される建築のタイプの問題を、晩年の視点から論じ直したものと捉え得る。

コンラート・フィードラー

建築芸術の本質と歴史

1878

フィードラー　建築芸術の本質と歴史

　美術史を究めようとする熱心さにおいて、我々の時代は際立っている[1]。こうした欲求は、他の芸術作品に劣らず、建築作品を知ることにおいても有利に働いた。確かに、この地上で何千年にもわたって建築として考え出された限りなく多様な形式に関して、今日ほど広く知り得たことはない。優れた学識と鋭い洞察力とを必要とし、しばしば非常に骨の折れる不断の研究のかいあって、我々は知り得た数多の諸物を、歴史的に位置づけることもできる。そして、現存する建築作品に関しては、その成立時期を鑑定できるということに決して満足せず、その本質と発展史とをより深く追究している。また、材料と構築とを究明して、目立たない遺物から、荒れ果てた廃墟から、かつての形式を、たとえ現実にではないとしても、少なくとも表象として、また復元図として、蘇らせることもできる。さらに進んで、我々はこうして見出された形式を受け入れて、それで終わりとするのではなく、それらが出現した当初の痕跡を探し、それらに徐々に生じてきた変容と変形とを余すことなく辿っている。はじめは錯綜し無関係に思われたものが、今や連続的に、また分岐しながら発展してきた諸々の形態として系統的に整理された。しかし、我々はここにもとどまらないで、この発展の事実に気付いて、それを大きな流れとして確認し、最も目立たない細部に至るまで追跡してしまうと、今度は、外面上知覚可能な変化の決定的原因を探ることによって、この過程をより深く追究しようと努めているのである。その際にも、もっともらしい原因を探すだけ、つまり、実践的な諸条件、使用材料の

差異、技術的熟練の進歩、外的必要の変化などに因る建築的形式の変容を明らかにするだけではない。また、民族の境遇を左右し、建築的形式にも影響を与えた様々な運命を実証するだけ、つまり、建築的形式が、ある地点、ある時点で輝かしく壮麗なものへと進展、高揚し、それが遠方の、しばしば隔絶した地域にまで伝播、そして、崩壊、衰微した原因を、世界史的事件の表面的経過にともなう事情のみに帰するだけでもない。何れにしてもこれだけでは、ある建築的造形の特性、その成立と消滅、漸次的変形を十分には明らかにできないだろう。むしろ我々は、ある時代、ある民族の建築作品が有する形式を、内的な精神状態を開示する多様な表出のひとつとして認識している。過ぎ去った世代に固有の生活の実質について、つまり、彼らを動かしていた感情、彼らを満たしていた表象、そして、彼らが到達した認識について、我々が理解しようと努めているのも、造形物を生み出す精神文化の基盤をその広がりと深さとの全体において知るためである。ある精神文化だからこそ生み出し得た造形物というものがある。だから、ギリシア文明の輝かしいイメージは、ギリシア建築の格調高い作品と全体として調和しているのであり、同様に、ゴシック大聖堂の神秘的な輝きと激烈な崇高性は、どう考えてもあの数世紀に固有のものであるように思われるのだ。ただし後者においては、豊かな精神の力が激しい醱酵過程を経て、意味深く表出されてはいるものの、内的な完成と浄化とには至り得ていない。このように見ると、建築芸術における形式の絶え間ない変容は、もはや、それだけで説

明のつく孤立した現象ではなく、むしろ、生き生きと不断に発展し続けている人間の精神生活全体と極めて密接に関係したもののように思われる。精神生活の諸現象に潜在する関係を究めようとする者にとって、ここには広大な研究領域が開かれている。つまり、建築作品をある精神状態の必然的表出と捉えれば、作品それ自体が理解可能となるばかりでなく、その時代の解釈にも役立つのだ。

　これらのことはみな周知の事実である。このような考察が、人間生活におけるほかの数々の現象とともに、建築的な形式と形態の世界を示したことは、確かに意味深い成果であった。そして、この試みが表面的に成功したことも、それ自体を正当化することになった。こうして、知的才能に恵まれた数多くの者が、美術史研究の課題をますます深め、その枠をいっそう広げようと、この新しい研究領域に殺到している。のみならず、他者が努力して明らかにした事柄を常に流用しているだけの者も、そろって目前に開かれた認識の新領域に夢中で飛びついた。しかしここには、認識がある特定の方向に著しく助長されると我々が容易く陥ってしまう、あの独特の狭量と偏見とが感じられる。我々は、ある既定の方向で先を見てはいるものの、全体的な見通しを失っているのだ。この見通しだけが、我々が注目するところの精神活動の位置と価値とを、他のものとの関係において示すことができる。にもかかわらず、上に概略を述べた建築作品を歴史的に理解するということが、今日あまりにしばしば、建築作品を全体として理解することだと見做されている。

そして、我々は、「ずいぶん遠くへ来たものだ」と思いながら、無知だった時代を振り返り、それを建築芸術の全貌を理解するための鍵をいまだ見出していなかった時代として回顧している。

　しかし、より厳密に考えるなら、美術史研究が芸術作品を理解する確かな方法であるという見方に対しては、間違いだと言わねばならない。なぜなら何よりもまず、歴史研究の対象自体が、対象に対する理解の程度によって決まってしまうからである。建築作品の歴史的な究明は様々な立場から出発可能であり、建築作品の外的な諸側面と特徴とだけを歴史的に論じるか、あるいは、その成立と発展とのより深い根拠をも論究するかは、どのような立場を採るかにかかっている。そして何より問題にすべきは、この立場自体を見出すことなのだ。建築芸術の本質がどこにあるのか、建築的形式の産出に現れる精神活動とはいかなるものなのかということは、昔から人間が省察を巡らせてきたテーマのひとつである。これこそが、人間精神一般の本性を問うことに直接関係しているという理由から、我々が建築的現象の世界を前にして問わなければならない中心問題なのだ[2]。この問いに認められる建築芸術への理論的関心は、歴史的なそれよりも古くかつ貴い。したがって、歴史的関心に目覚めることが真の理解のはじまりであるとする当世風の意見に賛同するのではなく、このあいだの関係についてはむしろ次のように捉えておかなければならない。すなわち、建築芸術への理解が自立的に発展するのに対して、その作品への歴史的関心はどこまでも建築芸術の理解の仕方に左右される副次的なものに過ぎな

いと。仮に何らかの立場から建築作品を歴史的に究明する権利それ自体は認めるとしても、少なくとも、歴史的関心の過度な広がりに歴史的に理解することの利点によっては埋め合わせ得ない問題点が孕まれているということは否定できない。歴史研究の出発点となる立場は、対象の本性からくる疑う余地のない所与のものとして、安易に受け入れられているものの、これが、当の研究者の主観的確信に拠るものでしかないということは見過ごされている。また、精神生活の現象を歴史的に認識することにおける進歩以外に、この現象自体を解釈することにも進歩があって、歴史的認識の価値は何よりこの解釈の進歩次第だということも忘れられている。

　建築作品を歴史的に究明しようとしてもたらされた膨大な文献を通観するときに否応なく感じることは、あまりに多くの著作において建築芸術の本質に対する理解がまったく未熟なことである。その結果、対象自体をより深く理解しようと努める者には外面的で、皮相的で、副次的にしか見えないものだけが、歴史的に論究されることになる[3]。これが最も明白になるのは、この種の美術史の著作をある書物と対比するときである。その書物は歴史的な考察と研究とに対して、ほかよりもはるかに深い芸術的理解をもたらしている。それが、ゴットフリート・ゼンパーの著書『技術的・結構的諸芸術における様式』である[4]。芸術形式として自らを表現する精神特有の働きを熟知する者だけが、諸事実の真の関係を捉える統一的な見通しをもって、諸々の芸術形式の成立・変容・消滅を辿り得るという

ことが、ここにはっきりと示されている。それに対して、他の美術史研究は、包括的で周到な歴史研究が孕む危うさを、つまり、こうした歴史研究が、ある芸術作品に関するあらゆることを説明しておきながら、何よりその作品を芸術作品たらしめているもの、それに関してだけは何も明らかにしないという事態に陥ることを、繰り返し証明している。ゼムパーの著書はしばしば画期的と言われる。確かに、その内容は建築的形式に対する芸術的理解を急変、進歩させ、それによって建築芸術に関する歴史研究を深化させるのに完全に適っている。しかし、この著書はしばしば思い違いをされている次のような真実も同時に実証した。ある精神的作品が結ぶ成果とそれが及ぼす影響とは、作品自体の価値を測る尺度であるよりもはるかに、作品に触れた人々の精神の状態を示す尺度となるということを実証したのである。美術史上の知識を増進するという学問的努力に安易に満足することなく、芸術としての本性と意味とを何より芸術作品のなかに見極めようという特異な試みに対して、この時代がもっと真剣に注意を払っていたなら、ゼムパーの著作は実際よりもはるかに我々に省察を迫っていただろう。すなわち、そもそも建築芸術を歴史的に論じていればよしとする今日の状況において、建築作品を芸術的産物として本来的に理解することについて、はたして語り得るのだろうか、また、建築作品の芸術的本質をより深く追究するなら、その歴史は見慣れたものとはまったく別の形態をとって現れはしないだろうか、と省みていたはずである。ここでゼムパーの著書の豊かな内容を詳細にわ

たって論じることは不可能だ。この書に含まれる新しい見解と捉え方とが備えている様々な将来性の芽は、もしかするといつか、精神傾向の変化にともなって開き、成長し、広く行き渡るかもしれない。ここではただゼムパーの見解から若干のものだけを取り上げて、それを刺激に、建築作品における芸術的創造の秘密に少しでも近づいてみたい。そうすれば直ちに、建築芸術を歴史的に捉える際の立場にも変化がもたらされるだろう。

I.

　ゼムパーは古代の建築作品における原始の建築的形式の変容を跡付けている。原始の建築的形式は、基本的な生活必需品と利用可能な建築素材の本性とに由来する諸条件から直接生まれたものであるが、ゼムパーが示すのは、それらの形式がその起源から離れるにしたがっていかに種々様々に形態化されていくのか、それらの形式がそれ自身を現すところの素材を繰り返し変えながらいかに無意識的に変化しているのか、それらの形式にそれを生じた地、それを用いた民族の特性がいかに刻印されているのか、ということだ。そして、ゼムパーは古代建築最高の精華をギリシア文化最盛期の建築作品に見る。より厳密に言えば、古代ギリシア[5]の地で原始の形式要素が芸術的に成熟した原因を、それまで構築と建築素材とに由来する諸条件に左右されてその痕跡を抱えていた形式から、こうした依存の足枷を解こうという努力に見るのである。この努力の結果、「芸術

作品は、直観において手段と素材とを忘れさせ、それによって、その姿を現し作用するとともに形式として自足する」ことになる[6]。

　建築芸術に関するゼンパーの見解についてほかに何も知らないとしても、古代建築に対するこのような見方は、それだけで我々の考えを非常に活発に刺激するはずだ。我々は習慣的に、盛期ギリシアの建築作品を建築芸術最高の比類なき範型と見做している。そして、その範型性が何に起因しているのかを様々に論究してきたが、これら無二の形式を創造した精神の志向については何の洞察も得られていない。ギリシアの建築様式における芸術的発展の傾向としてゼンパーが述べていることをよく考えてみると、次のように問わずにはいられない。つまり、よりによって素材と構築とを否定しようという努力から、なぜあのように確かな芸術的完全性を備えた建築作品が生じ得たのかと。ここですぐに、建築的現象に対して通常想定しているような成立の仕方とは相容れない新しい成立原理に直面する。我々は建築的活動を、まず第一に、純然たる実際的必要から生じ、これを満たすものと見る。そして、あらゆる芸術的活動は美の法則に従わなければならないという想定に基づく特定の必要条件に適ってはじめて、建築的活動を芸術的活動として認めることにしている。そうすると、建築的な美に対する見解の変化に応じて、この必要条件も変わることになる。こうして建築は、どれも一様に芸術的法則という権威を纏いながらも、まったく相矛盾する諸法則に次々に支配されることになったのであ

る[(7)]。これに対してゼンパーは、建築的形式の成立と発展とにひとつの原理を導入する。この原理によって、建築芸術は恣意的な美的規範のくびきから解き放たれ、精神生活に普遍的に内在している志向に極めて密接に関係づけられたのである。ギリシアの建築家が、材料の性質や構築上の制約に由来する痕跡を作品から徐々に消し去ろうとする以外に、自らの芸術的欲求を満たし得なかったとすれば、我々はそのことから、種々様々な形態をとって精神生活一般の本質的内容をなしている精神の営みを、建築芸術の領域に即した特殊な形態において再認識することも許されるわけだ。これは精神的に獲得するための過程である。この過程を通じて、人は非常に多様な仕方で、自らに及ぶ尽きることのない作用から精神的形象を創造しようと努めるのであり、そうするのはそもそも、それらを精神的に所有可能なものとするためである。というのも、人間精神の内容全体もまた外在的なものに依存していることは考慮しなければならないとしても、同様にやはり、いまだ精神の産物でないものは何ひとつ人間精神に帰属し得ないからだ。この獲得過程の最高の表現が、科学的認識においてと同様に、芸術的形態化においても見出される。つまり、この両者から生じる精神的形象によって、人は世界の内実を確認するのである[(8)]。確かに、絵画や彫刻の作品、さらに詩作品の根底に、このような獲得過程があり、形態として表れていることは認め得るだろう。しかし、建築芸術に同じ精神的志向が働いていることは、ほとんど実証不可能なように思われる。それでもやはり、建築作品の存在の基

にある物質的諸条件の表現を建築作品の形式のなかに滅却しようとする、ギリシア建築における芸術的発展の傾向に、次のことを看取できる。すなわち、これもまた、ある所与の諸前提から、漸次的形態化を経て、精神固有の産物となることで、真に精神的な成果へと上昇していくということに関わっているのだ、ということを。建築作品が形式の純粋な表現となってはじめて、作品として形態化するという精神的営為は全うされる。こうしてようやく、建築作品は最高の意味での人間精神の産物、所有物となり、芸術作品として人間精神最高のエッセンスに相応しいと主張できるのである。

　したがって、建築芸術もあらゆる精神活動と同様に、形態なきものから形態化されたものへと進んでいくということから、我々も出発する必要がある。では、まずまったく一般的に、形態化を待っている素材がどこにあるかと問えば、それは根源的で実際的な必要に迫られたもの、つまり、囲われ、覆われた空間において以外にない。その必要性が様々に複雑化しても囲い^{Wand}と覆い^{Decke}とは常に、ある決まった目的を満たしながら、しかも決まりきった形式を採らない、あらゆる建築的活動の基本的な構成要素であり続ける。もちろん、この建築上の必要に対する最初期のどんなに未熟な解決にも、すでに精神活動の痕跡がある。最初に生じる未発達な形式、これは用いる素材本来の属性とこの必要に応える者の能力との直接の結果である。ここに建築芸術の技術的であると同時に芸術的な課題が胚胎する。前者は論究の必要がなく、疑念ないしは論争の対象にもなり得ない。そ

れに対して、後者の本質を認識し理解することは相当に困難である。建築芸術における芸術的形態化の過程というものは、必要に応じた諸要求と技術的熟練とから生じたものに対して、別に規定されたある必要条件に適った形式をまるで外側から押しつけるというような歴然としたものではないのだ。我々はむしろ、建築芸術における形態化の過程を、思考の仕方として表象してみなければならない。この思考の内容をなすものは建築的形式そのものであり、この思考の深化を特徴づけているのは、形式の変容にともなって、素材と構築とが次第に消滅するなかで、精神に属する形式がますます自立的な存在へと展開していくということである。建築的に思考することは、単に発明したり組み合わせたりすることでも、所与の諸法則に従って形式化したり形態化したりすることでもない。それは過程、それも、ひとつの法則だけを内在した過程でなければならない。なぜなら、この過程がそもそも思考することであろうとするなら、その本質は所与の材料から純粋な精神の所産を創り上げようと模索することでなければならないからだ。芸術的な意味での建築的意識を認め得るのは、形式において精神的な発展過程が明らかになっている場合、または、いっそう純粋な精神の表現に向けた活発な努力が建築的形式の発展に現れている場合に限られる。このとき絶えず心に留めておかねばならないことがある。ここでは形式に関して、それを何か精神的なものとして論じているが、形式が素材に拘束されずに自立して存在できるかのように、あるいは精神自ら、ある規則と法則とを用いて形式を作

り出し、それを建築作品に表現し具体化しようなどということができるかのように、考えてはならないということだ。それどころか、形式は素材なしには存在しないし、素材は精神にとって形式の表現手段であるばかりではなく、そもそも形式を存在せしめる材料物質でもある[9]。建築芸術家には作品を産み出す特別で固有な精神的能力など何ひとつ与えられてはいない。むしろ、建築芸術家の活動にともなって、人間精神に普遍の本性が、ある特定の材料を頼りに、ある特定の形式を採って現れるのである。必要に応じた諸要求、使用材料の属性、技術的熟練の程度、こういったものに直接由来する原初の建築形式要素を人間精神が掌握するとき、これらの形式要素はまっすぐな進路上での精神の停滞と進歩、弛緩と集中、逸脱と一貫、これらすべてを映し出す素材となる。原初の建築形式要素が人間精神の活動領域に入ると同時に、建築特有の仕方での精神的発展がはじまるのであり、その本質は、不断の造形と変形とによって、これらの形式要素を漸進的に形態化することにあるのだ。この発展は様々な運命にさらされ、多くの現象を明るみに出すかもしれないが、その最終目標は常に、精神に帰属し得る形式を見出すことにある。形式はそれ自身を純粋に表現することで、精神固有の産物となり、精神に帰属可能となる。他の仕方での精神的発展の場合と同様に、ここでも目標へ通じる道はただひとつ、到達すべき表現もひとつしかあり得ないように思われる。まっすぐな道から外れれば、必ず目標を見失い道に迷う。これは長期にわたる探求であり、本物の表現を求める模索と格闘で

あり、新しい形式において常に繰り返される試みであり、いわば芸術上の吃音現象である。ただひとつの本物の表現は、極めて特異な場合まで例外なく、明晰な意識と活力に溢れた思考とが出会うところに現れるのだ。

　ゼムパーはギリシア建築における形式の成熟が本来意味していることを様々に示唆する。彼が指摘しているのは、ギリシアの石造建築において最高の記念碑的芸術形式へと純化され高められたように思われる建築的理念、これが実は、その起源を石造建築の技術には負うていないということだ。それだけに我々は、ギリシアの記念碑的建築形式からその前身、原型として何らかの木造建築を推し量ることがないように、ゼムパーにならって注意する必要がある。ギリシア神殿は木造構築物をそのまま石造に置き換えたものではないのだ。それでも、そこに表現されている形式的諸着想は、総じて木造による構築、つまり大工仕事から生じたことを示している。それに加えて、本来的な意味で空間を隔てる部分をなすのに、起源においては織物製品を使用していたのであるが、この起源は決してギリシアの建築作品だけに認め得るものではない。それどころか、これは元素材とも言えるもので、この元素材に手を加えることで、古代文化のはるか周辺地域において多様な建築方法が成立したのである[10]。主題はいつも同じであり、それが様々に変奏されて現われているに過ぎない。必要性が高まり、古い素材に代わって新しい素材が使われ、技術的熟練が進むことによって、原初の形式要素に対して多くの修正が加えられた。また、民族によ

る、個人による精神傾向の差異に応じても、形式世界は変化に富んだ造形へと移っていったのである。このように困惑するほど多様な形式のなかから芸術の進むべき道を見出すには、残された建築作品に受け継いだ形式要素をいっそう高度に発展させようという努力が表れているのか、反対に、それが規則を欠いたただの気紛れに翻弄されているのかを調べて、手引きとする以外にない。アジアとエジプトの少なからぬ建造物遺跡において、形式要素を発展させようという散発的な模索の跡を追うことはできる。しかし、それらの記念碑を建造した者が、素材と構築とを表す比較的低い段階を完全に超え出るということはなかった。真摯な芸術的意図を気高く証するものと同時に、より未開な造形にも出会うのである。そこには、芸術的・造形的な努力に代わって、巨大なもの、華美なもの、幻想的なもの、奇怪なものに対する見境のない欲望が露になっている[11]。古代建築に認められる原始の形式要素を様々に変形して建築作品に繰り返し用いるあらゆる民族のうち、ただギリシア人だけが、この形式要素に対する極めて純粋で高度な建築的表現を見出したのである。様々に変形され歪められてギリシアの芸術家精神に対立している要素を、この芸術家精神がいかに自立的に確実に我がものとしているかに気付けば、驚嘆するほかない[12]。そこにあるものを美的感性と呼び、この感性に導かれてギリシアの建築家たちがその形式と比例とを発明し成熟させたと主張しても、それでは名付けただけであって、何も説明したことにはならない。かといって、その建築作品の成立にともなう外的

状況を、作品成立の条件として、それどころか、原因としてすべてにわたって把握したとしても、問題の核心には至らないだろう。他の民族が建築活動における原始からの伝統を個別の仕方で育み、造形の可能性をなお無限に残しているあいだに、ギリシア人がその建築作品において驚嘆すべき形式へとまっすぐに到達したという事実は、ギリシアの建築家があの精神の明晰と活力とを備えていたと考えなければ、説明できないように思われる。精神活動におけるあらゆる領域と同様、建築芸術においても、精神の明晰と活力とだけが範型となる成果を可能にする。この明晰と活力とを前にして、内的に価値も意味もない造形はすべて消滅せざるを得なかった。より古い諸作品にも兆していた真の建築芸術への端緒がゆるぎない確信をもって開かれると、精神はその作品の形態化を究極の完成に至るまで止めなかったのだ。「芸術は何ものも**発明**しない」と、ゼムパーは上掲書の一節で述べている。「芸術が司るあらゆるものはあらかじめ確かにそこにあるのだ。芸術にあるのは**活用だけ**である。」[13]したがって、ギリシア人もその建築芸術を創造するにあたって何も発明しなかった。彼らは受け継いだものを、この上なく明晰な意識によって、いっそう発展させただけなのだ。こうして必然的に、必要に応じた諸要求、使用材料の性質、構築の諸条件、これらを直接想起させるあらゆるものが、最後には、ほんのわずかな名残に至るまで消滅することになった。所与のものを基にして形式の純粋な表現を獲得したのである。この問題に対してギリシア建築が与えた解決以外にほかに解決を考え得

るだろうか、と問うてみてもはじまらない。ギリシア建築の形式とは異なるものも、同じ起源の要素から発展した形式であることは認めるが、それらはすべて比較的低い発展段階にとどまっており、多かれ少なかれ素材と構築とをそのまま表している。そんななかで、ギリシア建築は、建築芸術が純粋に精神的な形式表現へと達する可能性を初めて示したのである。その形式表現は、最高度に発展した段階においてさえ、それ自体で完全に画一的、排他的になるようなことはなかった。ドリス式の建築方式とならんでイオニア式のそれもあり、それぞれの建築方式のなかでもひとつひとつの建築作品の個性は異なっている。このように、思考として同じ方向性と活力とを持った着想でも、それを表現する語法に応じて、さらにはそれを反映する個別の諸特性をいかに複合するかに応じて、様々な特徴を生んでいくのである。

　我々は、ギリシアの建築形式の発展に見られる造形力を、極めて特殊な美的感性として捉えようとしていた。また同様に、ギリシアの建築形式の卓越性も、他を圧倒する美のなかに見出さなければならないと信じていた。しかし、美的判断によって美しいとされるために、ある事物が備えているべき属性を挙げることができなければ、美といっても当面は漠然とした表現でしかない。加えて、あまりにしばしば、人間精神の成果のうち上位にあるものとはまったく無関係な属性を根拠にして、美しいという評価が行われている。ギリシアの建築形式にも美しいという賓辞を与えるべきであるが、それは、芸術的努力の結果

としてもたらされたという、その特異な意味を真に理解した上でなければならない。ある種の形式と比例の観照に直接結びついている美的享受に至ったからといって、この特異な意味を理解することはできないのだ。邪魔されず、眺めることに没頭して、さらなる美の享受に努めても同じである。美しい形式から美しい内容を引き出し、細部個々の芸術作品に対して美的に価値あるものを無制限に関係づける、そのような連想にすすんで身を任せることによって、より豊かに美を享受しようと試みても、やはり、ギリシアの建築形式が持つ特異な意味は理解できない。さらには、建築作品に備わる美的享受の諸条件を調べたとしても、すなわち、全体の外形について、個々の部分の形について、量塊と比例について、反復と変化について、対称性と不規則性について、手短に言えば、美的満足を喚起するものを細部から全体にわたって残らず考慮したとしても、我々の理解はなお表層的なものにとどまる。要するに、芸術作品の美的作用に対するあらゆる感受性も、この美的作用の基となっている諸条件に対するあらゆる知識も、精神的志向の本性を問うときにはまったく役に立たないのだ。この精神的志向の可視的表現が、眼前にあるこれらの諸形式にほかならない。我々は美的にどう感じるかには囚われないで、ギリシア建築の形式における精神の生き生きとした活動を認識するように努めなければならない。そこでは、精神は未熟な段階から最高の段階へと上昇していく以外に、つまり、物質的諸力が優位に立って形式を拘束しているような段階から、それらの物質的因子が残らず形式の

単なる表現手段と化すことで、形式が何よりもまず自立した精神的所産として現われる、そのような段階へと進んでいく以外に、芸術的な充足を得ることができなかったのだ。

　盛期ギリシアの建築作品を理解することについて話題にするには、次のようなことを意識しておく必要がある。つまり、いかにして、純粋な形式表現を獲得しようとする力が、建築作品のあらゆる部分を掌握していったのか。いかにして、曇りのない明晰な芸術的意識が、巨大な量塊にも些細な細部にも浸透していったのか。また、いかにして、あらゆる線、比例、形式のひとつひとつが、その美的な質のゆえにではなく、ゆるぎない確信をもって構築上の制約を想起させるものすべてを消し去るように適切に選ばれたのか。そしてついには、いかにして、材料自体、それがどんなに貴重であろうと、スタッコと塗料とで覆われて自らを主張せず、より高度なものを表現するために働くようになったのか[14]。こうしたことを意識しながらギリシアの建築作品を考察するなら、そこで人間がひとつの領域における最高の成果へと至ったのだということを認めるに違いない。その建築作品を直観するとき、そこには形式以外の何ものも現れず、あらゆる物質的要素が完全に精神化され、建築作品自体が物質的存在から離脱しているかのようである[15]。このように見ても、我々はギリシアの建築作品を美しいと思うだろう。なぜなら、精神が志向するある領域において、人間は比類のない成果を収めたのだという認識以上に、純粋で高貴な快感情を呼び起こし得るものはないからである。それどころか、も

しかすると、我々はこの認識に基づいて、ギリシアの建築作品を、ある特定の形式または内容が美的感覚に及ぼす直接的な作用をその本質とするあの美よりも、より高度に美しいものだと言うようになるかもしれない。ただそうすれば、我々は、もはや美を建築芸術の直接的な目的と考えることはできないだろうし、建築作品を美的に享受することが作品を理解することだとは見做し得なくなるだろう。それどころか、建築芸術の本質はまったく異なる精神的目標の達成の如何にかかっていることを、そして、建築作品の理解は美的享受をともない得るが、それ自体としてはこの享受にまったく依存しないことを、認識しなければならなくなるだろう。

II.

ギリシア人は、科学、芸術のほとんど全領域において、その才能を証するものを残した。彼らの文化の影響が古代をはるかに越えて現代にまで及ぶほど、その才能は卓越していたのだ[16]。もっとも、あの精神生活の偉大な発現と我々とを隔てている長い時のあいだには、およそあらゆる領域で新しい発展が生じ、それまでには思いも寄らなかった別の高みが示された。それでも認めなければならないのは、古今の建築芸術にギリシア建築が有する驚くべき芸術的完全性に迫るような現象は存在しないということだ。ギリシアの芸術家は、形式表現の完全性と明晰性とにおいて、ある所与の要素がどこまで発展可能なの

かを証明した。これを前にすれば、後代の建築活動の全体が、幾度となく阻まれ、道を誤ってきた一連の試みのように見えても仕方がない。他の精神活動の領域と同様、まさに建築芸術においても、独創的能力が不在の場合、つまり、より劣ったものを残らず自らの進路へと引き寄せ、偉大な課題に向けて合流させる、そうした力が不在の場合には、凡庸な企てが勢いを得て、精神生活の領域を種々雑多な現象で覆い尽くしてしまうのだ。それらの現象は、あらゆる種類の人間的才能を証するものの、高度な目標を志向する発展の道からは逸れている。建築作品は必ず、何時何処においても生活に必要とされて生まれるものだ。そして、芸術の力が不在、または建築活動を支配するのに十分強力でない場合には、種々の嗜好と才能とが一緒に作用してあらゆる形式が生み出され、ここから建築の様々なイメージが構成されることになる。そのとき、建築作品を支配するのは、巨大なものへの欲求であり、優美で多彩なものへの悦びである。即物的で独創性に乏しい感性が建築作品を単純明快な形式へと引き伸ばし、放縦な幻想がそれをこの上なく奇怪な混乱した現象にする。また、窮乏と厳格さとが建築作品に生真面目な装いを与え、浪費と派手好みとがそれを富と虚飾とで飾り立てる[17]。建築活動の領域におけるすべての現象を説明しようと思えば、これらのほかにも多くの事柄を考慮に入れなければならない。多くの建築的造形物は、ある面においてだけでも際立った属性を備えていれば、我々を惹きつけ、歓喜させ、感嘆させることができる。これは否定し得ない。確かに、非常に難

しい課題を解決するべく材料を技術的に制御することも、豊かに独創的に発想することも、大胆に構想することも、趣味よく仕上げることも、何れも、雄大な作品、華麗な作品、魅力的で心地よい作品を産み出すためには必要である。しかしもし、建築的形式の発展が完成に至るために踏まなければならない、あのまっすぐな道から目を離さなければ、極めて眩惑的で印象深い現象でさえ、我々を欺くことはできない。そうした現象には本来の芸術的感性が力強く働いていない。だから、それは言葉の最も厳密な意味における芸術としての建築とはほとんど関係がないのだ。

　すでにそこにある建築的形式要素を、物質的に条件づけられ限定された存在から救い出して、純粋に精神的な表現へと解き放とうという志向が表れている場合に限って、建築芸術の領域における真の芸術精神の働きを認めることができる。だとしても、古今の建築芸術全体のなかで本当に唯一、ギリシアの建築様式だけが、そのような高みに達したのかということは問いとして残る。少なくともギリシア建築衰退後にヨーロッパ諸国に登場した建築的現象のうち、極めて重要性の高いものに関して、この問いに答えられるように、ふたつのことを具体的に思い浮かべてみなければならない。ひとつは、ギリシア建築がのちのあらゆる建築活動に残した遺産から、どのようなものが時の経過にともなって生じたのか、ということであり、もうひとつは、ギリシアの建築様式に用いられていない、どのような新しい要素がのちの建築活動において生じたのか、ということである[18]。

何よりまず我々は、古代の建築形式がこれまでにギリシア建築を凌駕するような芸術的発展を遂げたことがあるなどという見方には賛成できない。それどころか、そのようなことがそもそも起こり得るということさえ認められない。精神生活上のある重要な現象が偉大な権威と支配とを確立し、何百年どころか何千年にもわたって人間の思考と行動とを方向づけているということ、これは事実であるが、それが、進路を堅持すれば必然的に不完全から完全へと進歩するということを含意するわけではない。自然界における造形の成立を理解するには、上向きの発展だけでなく退化の事実をも考慮しなければならないように、精神の領域においても、変化は常に改善に違いないという思い込みから自由になる必要がある[19]。精神生活には高みが存在し、そこからは下ることしかできない。同様の高み、あるいはより偉大な高みに上ろうとするなら、新しい問題に力を注がなければならないのだ。

　最高の明晰性と純粋性にまで上りつめた建築的意識が、最盛期のギリシアの建築作品において、いかにして生き生きとした表現を見出したのかについては、すでに見たとおりである。この建築的意識ははるか昔に曇り失われてしまったが、その後も建築作品は存在し続けている。しかしそれらの形式は、すでに成立時の内的な統合原理を失っているために、奇妙極まりない運命を甘受せねばならなかった。ギリシアの建築遺産が何世紀にもわたって打ち壊され、切り刻まれざるを得なかったことは悲しむべきことであるが、その驚くべき形式世界は、それより

もはるかに痛ましい破壊と切断とに曝されているのだ。それは、のちのあらゆる時代の建築上の必要によって、この形式世界が好都合な形の宝庫とされ、起源における関係性を解体されたということ、そうして、個々の部分が恣意的に利用され、様々に歪められたということである。ギリシア建築では、最終的造形の途上にある形式要素を引き受けて、それを生き生きとした芸術造形物へと発展させることが問題であった。それがいまや、既成の硬直した形式をいかに利用するかという問題になってしまった。形式をその関係性から随意に引き剥がして、新しい目的に適合させ得ると思ったのである。それゆえに、ギリシアの建築様式のさらなる展開については、下降線を描くものとしてしか語れないことになる。ギリシア建築の形式は現代に至るまで姿を変えて現われている。この変化のすべては、それ自体として様々な価値を有しているかもしれないが、やはり、その原型と比較すれば、元来の造形からの退化の証と解する以外にない。

　この見解の正当性については、ギリシア建築の形式に対して古代後期に、とりわけローマ人が加えた変形を問題にする場合、特別な証明を必要としない。建築芸術の果たすべき課題はローマにおいてはるかに包括的で複雑なものとなり、ギリシア人が節度ある活動範囲のなかで完成させた繊細な芸術的感性に、ローマ人の偉大な実践的才能が取って代わることになった。ローマ人はより高度な芸術的要求には無関心であったので、その才能を持ってすれば、あらゆる課題を解決できると感じたの

である。彼らは建築的形式を受け継ぎ蓄えて、それを自由に扱うとともに、様々に変化させて、諸々の構築法に結びつけたが、これらの構築法も、実践的利用のために、建築的発展に関してはまったく異なる出自にあるものを、任意に借用したものだった。そうすると、建築芸術が進んでいく道は、それが古代を想起させるものに多くを負っている限り、はじめから決まってしまう。建築活動はもはや形態化ではなく、形式構成要素の組み合わせとなる。それも、その構成要素が、すでに統一的な芸術原理を失って、内的な必然性をもって統合されることのない、そのような組み合わせである[20]。ここで、古代世界の没落後、何世紀にもわたって存在した、古代建築の弱々しい生き残りを取り上げて、詳しく語る必要はない。しかし、15世紀になると諸芸術は偉大な復活を遂げ、ほとんど完全に消滅していた古代の建築芸術も新しく再生された。汲めども尽きぬ若々しく瑞々しい独創力によって、壮大な過去の廃墟からまったく新しい純粋で輝かしい世界が蘇ったのだ。人々は異質な企てによる呪縛を解き放って、唯一進歩可能な道へと復帰したかのように感じた。そして、建築芸術のルネサンスも、彫刻や絵画と同じように、新しい高みに達したかに思われた。それでも、ルネサンス建築と同時代の彫塑ならびに絵画とのあいだにある本質的な差異は明らかである。15世紀と16世紀とにおける彫刻や絵画の完全に自立した発展に比肩し得るような、自立した芸術的根拠に基づく現象は、建築芸術には存在しない。古代芸術に対するあらゆる研究を手掛かりに、彫刻家と画家とは、その

精神に特有の能力をもって自然を正に直接捉え、そこから新しい形態を勝ち取った。それに対して、建築家はそこまで遡ることをせず、自らの芸術的問題を自力で解決することに力を注がなかった。つまり、ルネサンスの建築家は、実践的要求も資質も異なっていたのに、結局、ローマ人と同じやり方をしたのである。彼らにとって建てることは、組み立て、組み合わせることであり、形態化することではなかったのだ。どんなに刺激的な発明も、どんなに洗練された趣味のよい仕上げも、どんなに魅惑的な装飾も、こうしたやり方が形式世界の発展ではなく衰退なのだという事実を糊塗することはできない。ここでの衰退は明らかである。我々が本来の芸術的創造力に欠けており、何度も繰り返して過去の遺産に頼ってきたことが分かるだろう。古代の諸形式に戻りそれを造形し直そうと試みるたびに、いっそうの衰退が露となる。最近のネオ・ルネサンスがこのことを歴然と証明している[21]。

　このような古代の形式世界の没落は、古代から現代に至るまで、徐々にではあるが絶え間なく進行している。しかし、その只中に、ある形式の登場を認めることができる。それらの形式は別の建築的伝統に由来しており、建築芸術の新たな自立的発展の可能性どころか、その必然性さえ示すものである。ギリシア人は、この**アーチ**と**ヴォールト**とを、彼らが成熟させた建築的形式の一群から首尾一貫した仕方で排除していた。にもかかわらず、それらの形式がいつから知られていたかと言えば、ギリシア芸術最盛期をはるかに越えて謎に包まれた先史時代にま

で遡る。我々に分かるのは、絶えず更新される精神活動の内実をなすあらゆる古代の伝統は、結局、先史の闇のなかから生じたということだ。ギリシア人のもとで完成された形式世界の発展を全領域にわたって眺めれば、裏方に限ってではあるが、そこにアーチやヴォールトも見出せる。比類のない古代の聖域が建ち上がっていた古い建築基礎を調査することによって、擁壁状の囲壁にかかる土圧を減らすという実践的必要性から、特有の中空構造が発達していたことが明らかになった。ここにアーチとヴォールトとが大掛かりに用いられていたのである[22]。しかし、アーチとヴォールトとは、ギリシアの形式世界が最終的に成熟した後になってはじめて、裏方としての位置から解放され、陽光のもとで自立的に活用されることになった。ゼムパーはこうはっきり述べている。アーチとヴォールトとを見事に用いたローマの建築方法の本質は、基礎の中空構造を建築の上部構造に応用して建築的・空間的に活用することに基づいている、と[23]。

　アーチとヴォールトとの起源については異なる見解を採り得る。まず、我々はそれらが起源における形式要素を備えているものと見做すことができる。要するにアーチやヴォールトは、建築目的で石を用いる際に、この材料特有の属性から直接結果する、つまり、別の材料では成立し得ない形式要素を有しているということだ。また、次のように想定することもできる。すなわち、石造によるアーチやヴォールトの形式は、すでに二次的な造形であり、言ってみれば、手付かずの自然により近い、

いっそう古い形式の伝統にまで遡るものだ、と。何れにしても、アーチとヴォールトとが石造に場所を占めるや否や、このまったくの新要素の登場によって建築芸術の発展は全面的な新時代を迎える。木造建築の伝統を示す古い形式が、その正当性を保ったまま、人間の芸術精神において、完成された古代ギリシアの記念建築へと昇華されるまで長期にわたって造形し直されてきたのに対して、この新しい形式は、あたかも荒削りの初期状態のまま出現して、類似の芸術的高みに達するために、これから時間をかけて浄化され形態化されるのを待っていたのである。このような見方をすれば、ギリシア後に多種多様なかたちで現れた建築活動の全体が独特なものに見えてくる。新しい要素が、ギリシアにおいて古い要素が享受したような幸運に、依然として恵まれていないということは、明らかである。ギリシアの建築形式が完成の高みから零落するなか、我々が目にしている状況は、新しく展開中の要素が、徐々に絶えず完成へと向かうまっすぐな進路に至れず、様々な脇道や袋小路に迷い込んでいるというものだ。新しい建築的形式要素が、範型的芸術形式を目指して、向かうべき理想的目標を鮮明にするために、その目標をギリシアの記念碑的建造物を頼りに類推すれば、それは次のようなものだと分かる。つまり、石という特定の材料の属性に基づく当面の構築可能性を示すに過ぎない形式が、造形精神に支配されて、ひとつの形態を獲得し、そこで材料の性質と構築の要求という生硬な因子が、純粋に精神的な形式表現のなかに没し去ったようになること、これである。しかし、この

形態がいかなるものなのかは、創造的精神によって明らかにされるまで分からない。

　早くもアレクサンドロス大王の時代にアーチとヴォールトとが見事に用いられてから[24]、今日に至るまでのあらゆる時代の建築活動における、それらの位置づけについて、ここで詳細に辿ることはできない。この独特の形式は、古代の建築原理に基づくあらゆる建築方法において、ただの構築の補助手段として利用されている。その限りにおいては、我々はそれにわずかな芸術的関心しか見出せない[25]。しかし少なくとも、とりわけふたつの建築方法において、古代の伝統との関係を決然と絶って、自立的に発展するヴォールト構造を目指すという試みがなされた[26]。それが、いわゆるロマネスクとゴシックの建築様式である。これらは我々の芸術的関心を最高度に喚起せずにはおかないが、注意を向けるべきは、実際そこにヴォールト構造の芸術的成熟の端緒を確認できるかどうかということだ。

　ロマネスクとゴシックの建築方法については、概して後者が芸術的に高く評価される。それどころか、ゴシックはその首尾一貫性と巧みさにおいてギリシアの建築様式に匹敵するとされることも珍しくない。一方、ロマネスクの建築方式はしばしば、中間期あるいは過渡期の産物に過ぎないと見做されてきた。つまり、そこで古来のものが未熟なものに結びついたのも、造形の過程において、最終的により将来性のあるゴシックとして開花するためだったというわけである。しかし、もっと詳しく吟味してみるなら、次のように確信するだろう。ロマネスク建築

には、ギリシア建築の時代から今日に至るまでのあいだで、最初で最後の自立的な芸術発展の兆しが現れている。それに対して、ゴシックは、これまでに建築芸術が迷い込んだ最も奇妙な袋小路のひとつでしかない、と。なぜなら、我々は、アーチとヴォールトという形式要素とそれに基づく空間的着想とが、芸術的完成に至るさまを見ようとしているのに、ゴシックに認められるのは、この形式要素の芸術的な必要ではなく、構築的な必要から考え出された奇妙な変種に過ぎないからだ。尖頭アーチと尖頭アーチ状ヴォールトには何よりも、とりわけ構築的な意味がある。周知のようにそれらは、半円状のアーチやヴォールトを異なるスパンの空間に高さをそろえて架けることはできないという不都合から生み出された。アーチから中央部分を任意の大きさで切り取って、残りの両端部分を寄せ合わせれば、アーチ形の幅と高さとを自由自在に変えることが可能になる[27]。このアイデアは、確かに相当に工夫されてはいるが、徹頭徹尾、実践的な性格のものである。半円アーチと半円アーチ状ヴォールトが尖頭アーチと尖頭アーチ状ヴォールトへと変化するあいだに、アーチとヴォールトとは何ひとつ芸術的に発展しなかった。より正確に言えば、尖頭アーチは技術的な発展に過ぎず、芸術的にははぐらかしであった。実践的必要と争いながら、より純粋で高度な形式表現を探し求めようとしなかったばかりか、実践的問題を創意工夫によって解決するために形式を歪めて、はじめからあっさりと芸術的進歩を放棄してしまったのである[28]。受け継いだ形式を、このように実践的必

要に従って勝手に扱うようになると、構築上の行き過ぎは速やかにその度を増し、古くからの芸術的伝統から自由になればなるほどいっそう極端になった。13・14・15世紀の建築家が到達した材料に対する技術的制御の水準の高さには驚くべきものがある。また、彼らがいかなる意図のもとに材料を技術的に制御したのかを観察してみても、これに劣らない驚きがある。一面において、これは構築を可能な限り可視化しようという努力である。ゴシックの建造物はすでにしばしば骨格に比せられてきた。実際、基本的に目に見える部分である柱、ヴォールトのリブ、飛び梁などは建造物の骨組みをなしており、構築表現に直接役立たない部分、例えば壁面はわずかな量に抑えられている。また他面において、その材料は建造に利用できるどの材料の本来の性質ともまったく矛盾する形式のもとにあるように見える。これらの形式をある特定の材料でもって考えることなど、はじめから不可能だ。ゴシックの建築形式における自発的であるかのような上昇志向は、どこか建築的・造形的着想の領域外で生じたものであって、材料はそうした表現を強いられたのである。ここでこれ以上、細部に立ち入る必要はない。何れにしても明白なことは、上述したゴシックの建築方法の特徴をその本質において認識し、ゴシックの建築作品をこうした観点から理解することが必ずしも難しくないということだ。また同時に、この特徴を知って思わず感嘆し、往々にしてそうなるように、それに心酔してしまえば、建築的な成果に多くを求めなくなるということも明らかである。これらの特性の本質を把握するの

に本来の芸術的省察は必要ない。これと同様に、そのような特性を生み出すことは芸術本来の働きではないし、また、どんな芸術上の要求もそれによって満たされることはない。それでも多くの人たちは、たとえこれを認めたとしても、その効果から逃れられないだろう。ゴシックの採った手段が非芸術的であったにもかかわらず、それによって達成された効果は強力だった。ゴシックの建築作品は芸術的見地から様々に非難できるとはいえ、その建築作品に現れる圧倒的な荘重性が敏感な心に確実に及ぼす影響力を作品から取り去ってしまうことは決してできない。だからといって、こうした影響力を一心に享受して、そこに満足を見出したとしても、ゴシック建築の作品から高度な満足を得ることはできない。そうした満足は、芸術の真の力がもたらす類いまれな成果を、もっと自由に理解することによってしか味わえないものなのだ[29]。囚われない啓蒙された眼に映るゴシックの建築方式は、それがどんなに様々な卓越した人間的能力を証するものであってもことごとく、芸術が進むべき道からの逸脱を意味するものとなるだろう。さらに、この建築方式は完全に孤立している。それは、その奇抜な意図を執拗に追い求めて、なおも徐々に展開しようと雌伏していたものから決別してしまったのである。だから、人々が建築活動に再び芸術的欲求を感じはじめたときに、ゴシックの建築様式には何の糸口も見出せなかったのだ[30]。

III.

　建築芸術の領域におけるギリシア後のあらゆる現象とは対照的に、いわゆるロマネスク建築にだけは、新しい自立的な芸術発展の萌芽があると述べた。だとしても、話題にできるのはまさしく発展のはじまりについてだけである。このことはとりわけ強調しておかなければならない。しかも、このはじまりは11・12世紀の建築作品にいつも明々白々に表れているというわけでは決してない。あちこちで育まれ発展しはじめた新しい建築的意識は、ほとんどの場合、もとの不分明な状態に戻ってしまったのだ。元々の建築的着想が誤解され形式の成熟が妨げられたのは、形式の内的意味に反する諸要素、あるときは古代建築から借用され、あるときは恣意的に創作され、あるときは奔放に空想されたありとあらゆる要素が、そこに混ぜ合わされたことによる。その時代の建築作品のあるものは純粋な芸術的努力を十全に表現しているのではないか、などと期待してはならない。それどころか、芸術的に意味のある形式は、たいていの場合、多くの付属物に隠れており、そうでなければ必ず、歪められて識別不能になっているのだ。それでも、ロマネスク建築をその芸術的実質に従って理解しようと思うなら、混乱した様々な外面上の姿のなかに、芸術的に働く精神の存在を示す大きな動向を見つけ出すように努めてみなければならない。

　ロマネスクの建築方式のはじまりにおける、アーチとヴォー

ルトに基づいた建築的着想をいかに解釈するかによって、その
とき建築芸術が立つべきであったまったく新しい出発点が示さ
れることになる。水平に天井を張ったその時代の教会堂でも、
すでに地下祭室にはヴォールト天井が設けられていた。ちょう
どこの部分は比較的破壊に曝されることが少なかったため、少
なからぬものがロマネスク建築最初期のまま残されている[31]。
ヴォールト構造は、すでに古代において基礎から上部構造へ
と転用されたことがあったが、もう一度、地下の存在から新し
く発展するために陽光の下へと上昇していく定めにあったのだ。
しかし、それははじめからかつてのものとは異なっていた。ロ
マネスクのアーチやヴォールトは、新しい部分としてほかのす
でに成熟した建築システムに付加されたものではなく、ヴォー
ルトを架けて空間を隔離するといういまだ造形されたことのな
い明快な理念に基づくものである。ここにロマネスクのヴォー
ルト構造とかつてのそれとの根本的な違いがある。石材で表現
されたまったく手付かずのままの空間的・形式的着想が、素材
として、さらなる芸術的形式化、さらなる芸術的造形を待って
いたのだ。このことをしっかり捉えておかなければ、ロマネス
ク建築様式特有の芸術的意味を読み取ることもできないし、そ
こでの問題が構築的な組み合わせではなく、芸術的な発展過程
であったということも理解できない。換言すれば、形式なき所
与の素材に形式が与えられる、という認識があってはじめて、
建築作品を建てる際の芸術的活動について語り得るということ
だ。どのような建築方法でも、いわば、既成の諸要素だけで組

み立てたのでは合成されたものにしかならず、本来の芸術的意味を欠くことになる。なぜなら、そのような建築方法は、あの形態化されていないものを意識せずにはじまって、形態を結果するからである。

　しばしば中世建築の特徴は、古代建築の水平性に対して、その垂直性にあるとされてきた。ただし、中世の建築的着想は支持材と横架材との結合ではなく、石材の新しい構築的使用が示す可能性から生まれたものである。それは、空間の覆い^{Raumeshülle}を統一的に途切れることなくつながったものとして、地面から立ち上げる、あるいはむしろ、地面で受けるという可能性だ。ヴォールトは壁によって支持されているようには見えない。むしろ、両側の壁がヴォールトとなって互いに結ばれている、ないしは、ヴォールトが両側で壁となって地面まで続いている。これが新しい建築的発展に向けた明快な出発点である。

　たとえ最初期のロマネスク建造物がヴォールト天井の地下祭室として残されているに過ぎないとしても、我々は、そこで、空間を隔離するという新しい着想がいまだ非常に素朴ではあるものの初めて形態を獲得した、という印象を受ける。僅かに施された分節はぎこちなく不器用なものであり、重々しい材料は新しい造形に最も一般的な特徴をただ仕方なく受け入れているように見える。しかしすぐに、個々のしるしを通して、当初の着想が内的に発展し続けたことが分かる。素材と構築とは徐々に、いわば自己否定を強いられ、形式の単なる表現手段とされたのである。我々はまず、壁体が独特に形態化されていること

から、このことに気付く。ロマネスクの壁体は、はじめから古代建築のシステムにおけるそれとはまったく別物であった。古代の被覆された石壁は、空間を隔離するという着想に適った記念碑的な芸術形式だと見做されなければならない。それは、織物という素材を外界から内部空間を隔てるという目的で使用したときに生まれたものだ。それに対して、ロマネスクにおける空間隔離の着想は、はじめから石という材料をもとに構想されたように思われる。ここでの問題は、一体的に繋ぐという着想を壁体に表現することであり、また同時に、ずっしりとした物質性をこの着想を自由に表現する手段へと高めることだった[32]。出発点は、出入口や窓といった開口が単純に刳り貫かれた平滑な壁体であった。これらの開口は常に壁体の量塊に従属したままであり、その意図するところが壁体に開いた単なる穴であるということを、とりわけ、開口を内部に向けて絞り、穿たれた壁体の厚みを見せることによって表現している。ここで、芸術的に形式化しようという感性が外壁面に現れる。芸術的感性は外壁を無表情な平滑面にしておくことに満足できなかったのだ。より正確に言えば、この感性は、いわば壁体最外層を、あたかも我々がその内側の層でようやく壁体の繋がりに気付き得るかのように、部分的に剥ぎ取ったのである。こうして、いわば第2層もまた、壁体の本質をいっそう露にするために部分的に剥ぎ取られることになった。こうした模索は最終的に、壁体を貫いて穿たれた開口にその表現を見出すに至る。開口が内部に向けて絞られていくさまを、壁体内側の層が外側

のそれよりも迫り出していくというかたちにして外部に示したのである。このように、石造壁体の本質を示す形式表現は明晰さを加え、洗練されていった。また、穿たれたように見える壁体各層の縁部に装飾が施されたということも、まったくもってこの発展の意図に沿うものであった[33]。内部でも、この芸術的感性は解決すべき他の課題を見出した。古来の複廊式空間は、古代のバシリカにおいては[34]、まだ完全に古代建築の伝統に従って列柱で作り出されていた。この列柱で適度に高められた身廊の上部壁を十分に支持できたのである。しかしロマネスクにおいては、ヴォールトで結ばれる石造壁体が地面から直接に高く立ち上がっており、側廊との連絡はこの壁体下部を穿つことによってのみ可能であった。そして、ここをアーチ状に刳り貫くと、柱は結局のところ、刳り貫き部分のあいだに残された壁体の一部以外のものではなくなる。壁体はこの部分を介して上部から地面まで連続するのである。これが建築上の着想をまったくそのままのかたちで表現したものだ。ここから様々な仕方で形式表現の発展が試みられた。円柱はまったく別種の形式的着想を表現するもので、厳密に言えば新しい建築上の脈絡に相応しくなかった。またしばしば、円柱の使用は、人々が新しい建築的現象の本質に対する意識を失ってしまっていたこと、そして、新しい形式を創造する能力を欠いたために受け継いだ形式を使用したに過ぎないこと、これらを示す証拠となっている。しかしながら、ロマネスクの建造物において次のような円柱の使用例に出会うことがある。それは、人々が新しい建築

形態の世界におけるこの建築的形式の異質性を十分に自覚しながら、それでもなお、これを新しいシステムに適応させようと試みていたことを証するような使用例である。その柱頭は円柱の一部というよりも、むしろアーチ状に刳り貫かれた上部の壁体に属するものとして造形されている。これが、ロマネスク建築特有の角を丸めた方円柱頭で[35]、そこを起点とする両側の壁アーチを互いに結合し、終結させるものだ。要するに壁体を、壁柱のかたちで地面まで下ろす代わりに、アーチの起点の高さで終わらせ、ここを支持点として、その下に力強い円柱柱身を据えたのである。また柱身を載せる柱礎には、その方形台座の四隅に装飾を施して[36]、特別に堅固な性格を与えている。このようにして、独立して軽々と支持するという円柱の性格は奪われたのであるが、高く立ち上がりヴォールトで結ばれる上部壁体の荷重を、古代円柱で受けたならば生じたであろう矛盾は回避された。新しい建築方法に円柱を用いる余地を残すために採られた他の方便については、これほどうまく考え抜かれておらず、ここでは問題にしない。何れにしても最適なのは、壁柱を維持しながら、これをより洗練された形態に整えることだった。この試みの成功の度合いには幅があるものの、壁柱を維持したロマネスク教会堂に見られる多くの形式のなかから、最も洗練された建築的意識を示すものを探し出してみることは非常に有益である。壁柱の造形が壁アーチとの関係を示していないような場合は常に、必要な建築的意識に欠けていることを想定しなければならない。壁柱はアーチ状に刳り貫かれた部分のあ

いだに残された壁体の一部以外のものではなかったので、アーチと壁柱とを同時に形態化する方がはるかに有意義なのだ。こうして壁柱は、壁面に連続する側面を平滑なままにされ、アーチへと続く両側面にはそこからアーチ状の刳り貫き部分の内側に沿って分節が施されることになった。さらなる一歩は、壁柱にある形式を与えることで踏み出された。その形式によって、壁柱が建造物の卓越した構成要素であるヴォールトにも関係づけられたのである。このときヴォールトの方でも同様に、より明晰でより自由な形式表現への展開が起こっていた。もともと、重く単調な半円筒ヴォールトが全長にわたって壁体上に水平に置かれていたのであるが、壁体から半円アーチ状にこれに交差するヴォールトが架けられて、半円筒ヴォールトは交差ヴォールトへと変形されたのである[37]。そして最終的に、これがリブ・ヴォールトへと移行すると、またしてもヴォールトと壁体との同質性がリブによって格別に強調されることになった。ここで、リブが半円柱のかたちで壁体を下り、壁柱に沿って地面まで連続したことによって、地面から立ち上がった、あるいは、地面の上に立っている建物全体の一体的なつながりが、明晰に曖昧さのない状態で建築的に表現されるに至ったのである[38]。

　我々がロマネスクの建築作品を考察する際、この大きな展開を見失わずにいれば、そこで実際に芸術的意識がその最初の表現においていかに成長したのかを目の当たりにするに違いない。しかし、この発展過程が阻まれ、ほかの企てに取って代わられたときに、その進行がいかに僅かであったかは、ロマネス

クの建築形態が本質的な諸部分において、形式化を図る思考の力によってまだほとんど掌握されていなかったことからも明らかである。少しだけ例を挙げておく。例えば、ヴォールトの横圧に対する受けを設けるという構築上の必要性から、様々な構築的組み合わせがなされているものの、その何れもが芸術的表現には至っていない。このように、とりわけ外部に現れるヴォールト構造の形態は、まったく未発展なままであった。また、ヴォールト天井の内部空間に対して傾斜屋根を架け続けたという事実、これは、差し迫った必要を満たさなければならないのに自力で形式を見出せないような場合には、建築的発展に関してはまったく異なる出自にある諸形式にさえ手を出したということを意味している。さらに、比例を確立するという建築的・芸術的活動において最も繊細な課題に関しては、実験段階を出ることはなかった。不思議なことは、ロマネスクの建築的着想が、建築的着想としてまったく異なる領域へと移ったルネサンス建築の時代にも、あちこちで生き続けたということだ。とりわけドーム構造は、そこで、ローマの原型への回帰というだけでは説明できない発展を遂げた。ただしこれは、二人の圧倒的な精神の持ち主によるものであって、彼らは古代を想起させるものに立ち返るたびに、その作品に自立的に形態化する能力を示す証拠を残した。フィレンツェ大聖堂のドームでは、力強いリブが壁体の量塊下部から発して上方でひとつに結合している。ブルネレスキはドームの着想に見事な建築的表現を与える方法を心得ていたのである。またたとえブルネレスキによる

この表現が、素材や構築的制約との結びつきをまだ完全には払拭していないとしても、ミケランジェロのサン・ピエトロ大聖堂のドーム(クーポラ)では、様々な異質なものの混じり合いにもかかわらず、ほんの僅かな建築上の構想だけが見出し得たような完璧な形式表現が実現している[39]。

　これらは、建築的志向の様変わりした世界にあっては散発的な現象であった。それに対して、我々がロマネスク建築において観察しておかなければならないことは、どうして新しい発展が、その意味深いはじまりにおいて、種々の抵抗要素を克服し、自由で順調な成長を勝ち取り得なかったのかということだ。その実態は、常に繰り返されていくであろうひとつの過程として捉えられる。意味深い精神行為は、その影響力を徐々にしか現し得ないので、はじめは、人間の感性に対する支配権を種々の副次的な精神的産物と分け合わざるを得ない。ここで、本物を偽物から選り分ける浄化の過程がはじまらなければならない。というのも、建築芸術においても他の領域と同様に、発想と着想の豊かさは、内的な発展を導く厳格な法則によって制御されていなければ、助けとなるよりむしろ邪魔になるからだ。諸形式の混淆状態は解消される必要がある。そして、創造力の充溢は例外なく、次のようなかたちで現れなくてはならない。すなわち、絶えず新しくさらなる完成を目指して表現を探求すればするほど、所与の偉大な形式的諸着想が完全性を高めいっそう明晰になるというかたちで。建築様式とは本来、ただこのようにしてのみ成立するものだ。ロマネスク建築では残された建築

遺産から判断する限り、この浄化と発展との過程がはじまるや否や、芸術の力は失われてしまったらしく、建築活動は例の奇妙な構築的方向へと駆り立てられていった。この流れがゴシックを一貫して支配し、そこで全面的な発達を遂げたのである。ロマネスクの建築的着想は間違いなく繊細で奥深いものだったが、意味深い精神的産物の成長を促すような状況には恵まれなかった。それに対して、ゴシックの建築的着想は比較にならないほど平凡なものだったが、首尾よく成長できる土壌をはるかに容易く見出したのだ。

　このように、我々は、建築芸術の全領域において最も注目に値する現象のひとつを11・12世紀の建造物に認めるのである。建築芸術が二度とギリシアの建築作品に匹敵する完成度には到達しなかったこと、これには同意せざるを得ないとしても、ロマネスクの建築原理には、古代の形式世界の残骸から成長したあらゆる建築方法とは対照的に、自発的な発展の端緒を見て取ることができる。しかし、建築活動がいつかこの発展が中断したところに立ち返り、再びそれを受け継ぐことがあるかどうか、誰に予測できようか。建築芸術にも再び進歩の時代を迎えて欲しいと望むかもしれない。だが、それがどのように起こるのかを示そうというには、今はまったく時期尚早であろう。これは認める必要がある。芸術領域全般とは言えないまでも、やはり建築芸術については、進むべき方向を完全に見失ってしまった時代の只中に我々はいるのだ。要求の劇的な変化と増大にともなって、建築活動は規模や費用の大きさの点で言えば、すでに

相当長期にわたって著しい飛躍を遂げてきた。しかしながら、芸術的意識がその確かな支配によって、混乱した試みと企てとをことごとく克服し、建築芸術を内的法則に従って進歩が生じるまっすぐな路へと導きはじめているという兆しはどこにも存在していない。改革を目指す者が目新しく映るのはただ、独りよがりの趣味と変わりやすい好みとに応じて過去のある建築的形式の一群から要素を借用し、これを恣意的に変形、使用しているからに過ぎない。繰り返し古代の範型を参照する人たちは思い至っていないのだ。現代の制作にかつての創造の成果を絶えず持ち出しても、その源であった精神を呼び覚まし得なければほとんど意味がないということに。模倣の強要はどこか抑圧的だ。ときに、精神生活のある領域が発展継続に向けた可能性の糸口を探し求めても、報われない状況に陥ることがある。そんな場合は、すでにそこにあるものから決別するよりほかに、新しいもの、将来性あるものは生じ得ないのだ[40]。

フィードラー　建築芸術の本質と歴史（訳註）

訳註

1　実証主義の時代とも言われる19世紀の美術史研究の概観については、ウード・クルターマン『美術史学の歴史』勝國興・髙阪一治訳、中央公論美術出版、1996年参照。概略は解説にも述べておいた。

2　フィードラーのふたつの主著『造形芸術作品の評価（*Über die Beurteilung von Werken der bildenden Kunst*）』（1876）［FS1:1-48］、『芸術活動の根源（*Der Ursprung der künstlerischen Thätigkeit*）』（1887）［FS1:111-220］は、何れも本論「建築芸術の本質と歴史」と同様に、芸術活動の本質を人間精神の本性に遡って問うことの必要性を説くことからはじまっている［FS1:2, FS1:112］。フィードラーが繰り返したこの問いかけが、近代の芸術学・美術史の多様な展開の起点となったことは、解説にも述べておいた。

3　フィードラーの歴史学批判は、芸術外的なものによる芸術理解への批判の一環としてなされた。こうした批判は、すでに『造形芸術作品の評価』第2章で詳細に展開されていた［FS1:4-18］。また『芸術活動の根源』は、芸術における芸術外的な価値の非本質性を改めて指摘するかたちで閉じられている［FS1:219-220］。これは、前註に示した芸術の自律性を根拠づける芸術活動の本質への問いと表裏の関係にあるもので、これらがフィードラー不変の論点であった。

4　Gottfried Semper, *Der Stil in den technischen und tektonischen Künsten oder praktische Ästhetik: Ein Handbuch für Techniker, Künstler und Kunstfreunde*, Bd.1, Verlag für Kunst und Wissenschaft, Frankfurt a. M., 1860, Bd. 2, Friedrich Bruckmann, München, 1863.

5　底本、*Deutsche Rundschau*, XV, 1878, S.365 およびフィード

ラーの前著作集、Konrad Fiedler, *Schriften über Kunst*, Hrsg. von Hermann Konnerth, R. Piper, München, 1914, Bd. 2, S.439 では、hellenisch（古代ギリシアの）となっているが、最新著作集、Konrad Fiedler, *Schriften zur Kunst*, Hrsg. von Gottfried Boehm, Wilhelm Fink Verlag, München, 2. Aufl. 1991, Bd. 2, S.298 では、hellenistisch（ヘレニズムの）となっている。文脈から底本・前著作集の hellenisch を採った。

6　フィードラーはこの第Ⅰ章冒頭段落において本論を展開していくにあたり、その前半でゼムパーの歴史的方法を要約し、その後半でゼムパーの芸術理論において創意となっている考え方をゼムパー自身の言説を引用しながら簡潔に示している。ゼムパーの建築・芸術に関する理論については解説を参照。なお、ここで引用されているゼムパーの言説は、Semper, *op. cit.*, Bd. 1, S.232："(...wonach) das Kunstwerk in der Anschauung die Mittel und den Stoff vergessen macht, womit und wodurch es erscheint und wirkt, und sich selbst als Form genügt." ただし、丸括弧内は訳者による。

7　建築活動の芸術性を美によって測ろうとする美学への批判は、芸術外的なものによっては芸術作品の本質は理解できないという訳註3に示したフィードラーの主張の根幹をなす。

8　フィードラーは芸術的形態化による直観的認識を、概念による科学的認識と同様に精神的に所有することであると述べており、ここにはカント（Immanuel Kant, 1724-1804）の『純粋理性批判（*Kritik der reinen Vernunft*）』（A:1781/B:1787）からの影響がよく表れている。

9　ここに見られる形式と素材、精神的なものと物質的なものとの不即不離の関係に対する指摘は、やがて、精神活動とその

フィードラー　建築芸術の本質と歴史（訳註）

対象との関係、さらには、精神と身体との関係へも拡張され、フィードラーの思考は現象学のそれへと接近する。これについては解説でも触れておいた。

10　フィードラーは空間隔離の「元素材」としての織物をここで特筆しているが、これは、ゼムパーが建築芸術の四要素（炉、囲い、屋根、基壇）のなかでも特に「囲い」という要素と、それに結びついた織工術・織物という技術・素材とを重視したことを受けたものである。

11　ゼムパーも、原始の形式要素を用いながらギリシア建築のような高みに至らなかったものとして、古代アッシリアや古代エジプトの建築に強い関心を示している。人面有翼獣神像やピラミットに目を奪われるアッシリアやエジプトの建築に、ギリシア建築につながるルーツを見出していたのである。ゼムパーのこうした見方をフィードラーはここで引き継いでいるのであろう。

12　フィードラーは『芸術活動の根源』を、時代や民族の具体名を出さずに一般論として展開している。それでも、古代諸建築のなかでギリシア建築だけが芸術形式へと飛躍したことについては、それと分かる記述がある。「我々がどこに眼を向けようとも、それが人間の社会生活の原初的状態であっても、歴史上の暗黒時代であっても、文化の辺境地域であっても、芸術上の努力が目覚め開花するさまを確認できるだろう。それは、あるときには弱々しく控え目に芽を出し、あるときには健全に力強く成長し、あるときには蔓延って野性化してしまう。そして多くの場合、長期にわたって、才能の不足により、可視的存在の世界のほんの表層に手が届くに過ぎない。だから若干の民族において、限られた期間のあいだに、非凡な力

によって突然と、その世界の最深部が明らかにされ、素晴らしく豊かで完璧な造形物が開示されるのを目の当たりにすれば驚くのも当然である。」[FS1:195] これなども、ギリシア建築を精華とする古代建築の展開を念頭においてのものであろう。

13 Semper, *op. cit.*, Bd. 1, S.91:"die Kunst erfindet nichts, —— alles, worüber sie schaltet, war tatsächlich schon vorher da, ihr gehört nur das Verwerthen !"

14 ギリシア建築の理解に向けてここでフィードラーが想起しておきたかったのは、ゼムパーの被覆に対する考え方である。ゼムパーの被覆論については解説を参照。

15 フィードラーが芸術的建築活動の本質を捉えようとした部分である。第Ⅰ章第2段落の最後、前段落の最後でも同じ主張をしていた。芸術的建築活動に対するこうした見方がフィードラーの純粋可視性の理論へと通じていくのである。これについては解説で述べておいた。

16 ユークリッドの数学、アリストテレスの自然学などに代表されるギリシアの古典科学、また、古代ギリシアの哲学、法学における主要な成果は、古代ローマを経て直接ヨーロッパへともたらされたのではなく、ローマ滅亡によって一端途切れ、中世12世紀にビザンチン・イスラム経由でヨーロッパへと移入された。これがいわゆる12世紀ルネサンスの外因となる。12世紀ルネサンスについては、チャールズ・ハスキンズ (Charles Homer Haskins, 1870-1937) の『12世紀ルネサンス (*The Renaissance of the Twelfth, Century*)』(1927) によって広く知られるようになるが、古代ギリシアの学問的成果を直接継承したイスラム科学・技術がそこで果たした役割の重要性が明ら

かになるのは、20世紀も後半になってからである。

17 芸術的才能の存在と不在とによって、その時代の芸術活動のあり方がいかに変化するかについては、『芸術活動の根源』でより詳細に言及されている［FS1:208-212］。

18 ここから、西洋建築の二大潮流であるギリシア建築をルーツとする古典系建築と、それとは独立したロマネスクとゴシックに代表される中世系建築とが取り上げられ、建築の歴史が概観される。

19 ここで参照されているのは、1859年に出版されたダーウィン（Charles Robert Darwin, 1809-1882）の『種の起源（*On the Origin of Species by Means of Natural Selection, or the Preservation of Favoured Races in the Struggle for Life*）』における、自然選択説による進化論の考え方である。ダーウィンは生物の進化を、方向性を持った進歩、つまりevolutionではなく、退化をも含むdescent with modification（変化をともなう由来）と捉えていた。こうしたダーウィン進化論を下敷きにここで批判されているのが、進化を方向性を持った進歩として捉えるスペンサー流の社会進化論である。スペンサー（Herbert Spencer, 1820-1903）は進化を、不確定的で非凝集的な同質的状態から確定的で凝集的な異質的状態への移行、つまり、単純なものから複雑なものへという進歩として捉え、人間社会を貫く原理と見た。こうしたスペンサーの進化の概念は、ラマルクに発する生物進化論に学んで、ダーウィンの『種の起源』に先立って着想されたものであるが、ダーウィン進化論の広がりと相まって、19世紀後半の社会に強い影響を与えていた。

20 コンクリート構造を用いた闘技場や浴場、水道橋などの大規模実用施設の建設に本領を発揮したローマの実践的建築活動

を、フィードラーは、形式構成要素の内的必然を欠いた組み合わせと捉えて、否定的に評価しているが、こうした評価は、ゼンパーのローマ建築に対する評価とはやや異なっている。確かにゼンパーは、帝政ローマ衰退期の建築については次のように述べている。「古代ギリシアの形式的・結構的要素（das formal-tektonische Element）と、帝政最盛期にはそれと一体化して内的に結ばれていた構造的・切石的要素（das struktiv-lithotomische Element）とが分離して」しまい、構造的要素が量塊の建築として肥大する一方で、「形式的・結構的要素は著しく萎縮し、アジア的被覆物質主義へと決定的に回帰」した［SS1:502-503］。つまりゼンパーは、ギリシアの構造象徴としての被覆がギリシア以前の物質的なものへと退行したことをもって、ギリシア建築の芸術的達成を基準にローマ建築を否定的に評価する。そして、被覆の物質的なものへの退行の原因、すなわち、形式的・結構的要素と構造的・切石的要素との分離こそ、フィードラーの言う「形式構成要素の内的必然を欠いた組み合わせ」にほかならないから、フィードラーのローマ建築評価はこうしたゼンパーのローマ建築評価に倣ってなされていると言える。しかしゼンパーは、共和制ローマの建築様式については、一般に考えられているよりもはるかにギリシア建築から独立し、かつ、帝政ローマ建築よりも、特に、輪郭の統一、個々の出来栄えにおいて格段に優れているとして、それに独自の高い存在価値を認めている［SS1:484］。また、形式的・結構的要素と構造的・切石的要素とが一体化して内的に結ばれていた帝政最盛期のローマ建築に対しては、それ以上に肯定的である。ゼンパーは、石造によって建築的・空間的理念を具体化する方法を2つに大別する。第1は古代ギ

リシア建築の伝統に従うもので、石工術に従属的な役割しか与えない方法である。この方法では、記念碑的に壁面を被覆したり骨組みを構築するのに切石を利用するに過ぎない。第2はこれとは対照的に、石材を前提とする空間的理念を石造のヴォールトによって直接表現する方法である［SS2:389-390］。ゼンパーは、ギリシア建築を第1の方法によって芸術的完成に至ったものと捉え、ローマ建築を第1の方法と第2の方法とが、換言すれば、形式的・結構的要素と構造的・切石的要素とが結びついたものとして捉える。そして、この2つの方法が結びついた結果、建築芸術は、ギリシア建築の旋律的な明晰性と彫塑性とを失ったが、代わりに、「量塊と空間との壮大な交響楽」を展開する手段を得たと見る［SS2:390］。「量塊と空間との壮大な交響楽」とは、アレクサンドロス大王ことアレクサンドロス3世（Alexandros III, B.C. 356-323, 在位：B.C. 336-323）の世界思想を建築的に表現し、普遍的な支配力を有する世界建築を意味している［SS1:481-482］。このように、ゼンパーは、ギリシア建築を純粋な芸術的達成と見て評価する一方で、帝政ローマ建築を総合的・実践的な世界建築として捉え、そこに芸術的可能性を認めて積極的に評価するのである。こうしたゼンパーのローマ建築評価とフィードラーのそれとを比較して見ると、フィードラーのローマ建築評価には思い切った単純化が働いていることが分かる。

21　古代研究と自然回帰とを柱とする人文主義的造形運動は、人体均衡や透視図法などの理論を切り開いて、自然の内なる法則を認識しようと努め、ルネサンス美術を展開した。フィードラーはこれを高く評価しているものの、古代ローマ遺跡を発想の足掛かりとするルネサンス建築については、彼のロー

マ建築評価を直接延長して否定的である。フィードラーにとってルネサンス建築は、内的必然を欠いた形式構成要素の組み合わせを、過去の遺産に頼って、文脈を無視したかたちで繰り返したものであった。また、「建築芸術の本質と歴史」執筆前後の時代には、ゲルトナー（Friedrich von Gärtner, 1791–1847）やハンゼン（Theophil von Hansen, 1813–1891）らの活躍によってネオ・ルネサンスの歴史主義建築が続々と出現する状況にあったが、それらの同時代建築に対しても、ローマ建築、ルネサンス建築と同じ過ちを繰り返し、建築的形式のいっそうの衰退を招くものとして厳しい評価を下している。また、のちの『芸術活動の根源』では、古典主義建築のみならず、ここでは評価されているルネサンス美術も含んで、「多くの芸術的形式の歴史はこう理解できる。それは徐々に堕落していくほかないものだ」［FS1:211］とされている。こうしたルネサンス建築を含む古典主義建築に対するフィードラーの評価は、ゼムパーのそれとは異なっている。ゼムパーは、ルネサンスからバロックへの転換期と一般には見做されている時代、つまり、ブラマンテ（Donato Bramante, 1444–1514）とボッロミーニ（Francesco Borromini, 1599–1667）という静動の両極のあいだに、フィディアス（Phidias, B.C. 490頃–430頃）の時代に比肩できるような芸術時代があるとする［SS1:513］。「16世紀の単色の革新者たち」は色彩の助けを借りずにローマ精神を展開させたのである［SS1:513, SS2:475–476］。さらにゼムパーは、オーダー使用における質的変化に着目して、ギリシア建築からローマ建築へ、そして、ルネサンス建築への展開を次のように述べている。オーダー使用における「建築の歴史上、最も重要なこの転回点は、すでにマケドニア王国の時

フィードラー　建築芸術の本質と歴史（訳註）

代に準備され、ローマの世界支配の強化にともなってさらに確かなものとなった。そして、ヘレニズムによって浄化された最古の型を、完全な客観性と自由とをもって象徴的に利用することへと最初に高めたのは、長い冬眠から新しく目覚めた古代芸術であった。こうした事情が、ルネサンス芸術の際立った優越性を説明するのに本質的な貢献をしているように思われる。ルネサンス芸術は、ギリシアの最高の芸術をも含め、過去に存在したあらゆる芸術より優れている。にもかかわらず、この芸術は目的を完遂していない。おそらく、その発展の半ばに辛うじて達しているに過ぎない。」[SS2:477]これと、ゼムパーがいわゆるネオ・ルネサンスによって建築制作を行っていたこととを考え合わせると、彼がルネサンス建築を芸術的完成への途上にある同時代建築として捉えていたことが分かるだろう。以上のように、前註に示したフィードラーとゼムパーのローマ建築評価の差異は、両者のルネサンス建築を含む古典主義建築に対する評価の差異にそのままつながっているのである。こうしたことから、フィードラーが、ゼムパーの理論に強い影響を受けながらも、彼の作品には否定的であったであろうことが容易に推測できる。Harry Fransis Mallgrave & Eleftherios Ikonomou trans., *Empathy, Form, and Space: Problems in German Aesthetics 1873-1893*, The Getty Center for the History of Art and Humanities, Santa Monica, 1994, p.32 では、フィードラーのヒルデブラント（Adolf von Hildebrand, 1847–1921）あての書簡を引用して、このフィードラーのゼムパーに対する両義的評価を裏付けている。

22　ここでフィードラーが直接念頭に置いているのは、ヘレニズム文化の中心都市のひとつ、アッタロス朝ペルガモン王国の

193

都、ペルガモンの遺跡であろう。この遺跡は 1864 年にドイツ人技師・考古学者カール・フーマン（Carl Wilhelm Humann, 1839-1896）によって偶然発見された。現在ベルリンのペルガモン博物館に復原されているゼウスの大祭壇は、1878 年に入ったドイツの調査団がここから発掘して、ベルリンに持ち帰ったものである。これが丁度、「建築芸術の本質と歴史」執筆の時期と重なる。ペルガモンのアクロポリスを構成する基壇擁壁部分には、ヴォールトが連続的に用いられている。また、ペルガモンに特徴的な、スラブ状の被覆材のあいだを割栗石で埋める形式の壁は、ゼムパーの言う一種の中空構造である。中空構造とは、中空体構造とも呼ばれ、ゼムパーが『技術的・結構的諸芸術における様式』において多用する用語で、中核が構造的に空洞化し、被覆が外殻となって構造化した構造形式を指し、アッシリア建築に特徴的な構造形式とされる［SS1:443］。ゼムパーも、ペルガモンをはじめとするヘレニズム期小アジアの都市が、中空構造を特徴とするアッシリアを手本に成立したことを指摘している［SS1:481］。またゼムパーは、ローマ建築の煉瓦壁面等を外枠とするコンクリート構造も、アッシリアの構造形式から展開したものとして、一種の中空構造と捉えている［SS2:393-394］。次註参照。

23 本段落で説かれているアーチとヴォールトの成立とその展開は、ギリシア文化と古代オリエント文化、そして、その融合としてのヘレニズム文化からローマ文化へという歴史を踏まえたものである。アレクサンドロス大王が、東方遠征によって、ギリシア本土、小アジア、エジプトからインダス川にまで達する空前の世界帝国を建設したことを機に、ギリシア文化と古代オリエント文化とが融合したヘレニズム文化が開花した。

フィードラー　建築芸術の本質と歴史（訳註）

アレクサンドロス大王の死後、彼の帝国は分裂し、アンティゴノス朝マケドニア王国、セレウコス朝シリア王国、プトレマイオス朝エジプト王国を中心とするヘレニズム諸国が誕生するが、ここで念頭に置かれていると思われるペルガモンを都とするアッタロス朝ペルガモン王国も、セレウコス朝シリア王国から独立したもので、ヘレニズム諸国のひとつであった。さらに、これらの国々が属州としてローマに併合されていくなかで、ヘレニズム文化はローマ文化に大きな影響を与え、ヨーロッパ文明のひとつの源流としての古典古代文化を形成した。ゼムパーも、こうした歴史に沿って、ローマをアレクサンドロス大王の世界思想の現実化として、また、ローマ建築をこの思想の建築的表現である世界建築として捉えている［SS1:481］。訳註20参照。なお、ここでフィードラーが言及しているのは、ゼムパーの次の言説であろう。「世界支配の思想を石材で表現するローマ人本来の作品が、一種の中空構造、すなわち、切石の外殻をそなえた現場打ちの壁体とこれに類する壁工事に、この思想を具体化するより適切な、そして、まさに唯一認められ得る手段を見出したのである。そして、Concameratio（丸天井）という、非常に古くから知られてはいたが、基礎構造にだけ適用されていたヴォールト天井によるZellensystem空間単位の組織を、上部構造に転用することが必要であった。これが中空構造の新しい用い方であり、最小の材料と労力とで最大の場所を得るべく、取り囲んだ諸空間自体で巨大な中央ホールのヴォールト天井に必要な支持点とアバットメントを生み出すという課題の解決法である。」［SS2:393-4］

24　前註参照。

25　ここでフィードラーは、ローマ以降の古典主義建築を、オー

ダーによる構築の補助手段としてアーチ・ヴォールトを用いたものと捉えている。こうしたオーダーとアーチとの関係は、3段落前に言及されていた形式構成要素の内的必然を欠いた組み合わせの具体例と言える。訳註20, 21参照。

26 フィードラーはここから、オーダーの補助としてではなく、アーチ・ヴォールトが自立的に展開する建築の可能性を探り、訳註32に示す独自のロマネスク建築評価へと向かう。つまりフィードラーは、オーダーとアーチとが互いに自立したものとして芸術的に展開し得ると見ているのであるが、こうしたオーダーとアーチとの関係の捉え方はゼンパーとは異なるところがある。ゼンパーは被覆論の発端から、壁を、構造とは関係ない、何物も支持しない、空間隔離としての象徴的意義を持つものと見做している。そして、壁が支持する役割を現すとき、それは現実に転落して、物質的構造体となり、被覆の芸術的表現を喪失すると考えていた。したがって、アーチを壁に開いた穴、ヴォールトを非常に分厚い壁体を貫通する穴として捉えるゼンパーは、アーチ・ヴォールトを、それら自体では構造象徴を持たない絶対的に構造的なもので、自立した芸術形式を欠くものと見做すのである［SS1:482-483］。

27 ゴシック建築の形式的特徴とされる尖頭アーチの成り立ちを図示しておく。

尖頭アーチ　尖頭アーチ　尖頭アーチ
（正三角形アーチ）（ランセットアーチ）

パウル・フランクル『ゴシック建築大成』佐藤達生・辻本敬子・飯田喜四郎訳、中央公論美術出版、2011年、707頁、参考図版3-1より

28 フィードラーはすでに『造形芸術作品の評価』において、芸術活動において技術は自立した権利を持たないこと、精神の

フィードラー　建築芸術の本質と歴史（訳註）

支配を受けないところで発達し自立的な意味を得た技術は芸術的に無価値であることを指摘している［FS1:37］。ここは、こうした主張のゴシック建築に即した言い換えである。

29　ここは、宗教がゴシックの建築形式に上昇志向を強いたこと、そして、それによってもたらされる空間の圧倒的荘重性が芸術とは無関係であることの指摘である。宗教芸術の感性的影響がいかに絶大であろうと、それが芸術作品の本質に関係することはないという主張は、『芸術活動の根源』でも繰り返されている［FS1:213-216］。

30　訳註3に見たように、フィードラーは、芸術外的なものによって芸術作品の本質を規定することはできないと主張していた。この延長上に、前註と前々註に示したような技術主導性・宗教主導性を根拠とする、フィードラーのゴシック建築批判がある。こうした彼のゴシック建築に対する否定的評価は、ゼムパーのそれを踏襲するものである。ゼムパーは壁を、被覆論によって、荷重を支持せず、空間を隔離するという象徴的意義を有するものとして捉える。ところがゴシック建築では、この壁がヴォールトを支持するシャフトと化すとともに、従来の壁とは90度向きを変えた控壁の連なりへと解体された結果、空間を包む目に見える垂直要素が残らず消え去った［SS1:509］。こうした構造的処理を、ゼムパーは、空間隔離としての壁の理念を否定し、被覆の構造象徴的意味を奪う、技術に頼った「機械的」解決と見做すのである［SS1:508-511］。ゼムパーはこうして、ゴシック建築の芸術性を否定する。さらにゼムパーは、ローマのバシリカがゴシック建築へと変容していく過程を、キリスト教の心霊主義が、後期ローマ建築の構造的・技術的・物質主義的な原則を、その物質禁制の観

念に象徴的に取り込んでいき、この流れを徹底的に追求したものと捉えて、ゴシック建築の宗教主導性についても指摘している［SS1:506］。

31 ヴォールト架構による地下祭室は、7-12世紀のあいだに西ヨーロッパで展開したものであるが、ロマネスク初期にあたる紀元1000年頃にはすでに、交差ヴォールトを架けた多廊式の広間式クリプタとして完成の域に達していた。

32 フィードラーはここで、ロマネスク建築にヴォールトによる空間隔離という新しい理念を見出し、それを新しい建築的展開の出発点として評価している。これは、ロマネスク建築に対するゼムパーの評価とは異なるものである。訳註20でも述べたように、ゼムパーは、石造によって建築的・空間的理念を具体化する方法を2つに大別する。第1は古代ギリシア建築の伝統に従うもので、石工術に従属的な役割しか与えない方法である。この方法では、記念碑的に壁面を被覆したり骨組みを構築するのに切石を利用するに過ぎない。第2はこれとは対照的に、石材を前提とする空間的理念を石造のヴォールトによって直接表現する方法である［SS2:389-390］。第1の方法は彼の被覆論に従うもので、第2の方法に即して換言すれば、織物を前提とする空間的理念を石造の壁面被覆によって象徴的に表現する方法である。こうした見方から、ゼムパーはロマネスク建築を次のように捉える。ロマネスク建築の「壁は、ヴォールトを支持するものとなったにもかかわらず、そうした機械的役割をまだ実際に芸術象徴的なかたちでは明らかにしていなかった。（中略）壁と天井ヴォールトとは、中世ロマネスクのあいだ一貫して、空間を隔離し覆うという古来の伝統的な形式的意味を保っており、被覆の原則と古代の

原理とに従って、そのようなものとして建築的に性格づけられていた。」[SS1:506] つまり、ゼムパーにとってロマネスク建築の壁は、ヴォールトを支持するという石材起源の理念を象徴的に表現するには至っておらず、空間を隔離するという織物起源の理念を古来の壁面被覆として形式的にとどめるものであった。さらに言えば、第2の方法を芸術的に展開することなく、第1の方法に形式的に従ったものであった。ゼムパーは、被覆論に従う壁を、空間隔離としての象徴的意義を持つものと見做す。そして、壁面に支持する役割が現れると、壁は現実に転落して物質的構造体となり、被覆の芸術的表現を喪失すると考えた。空間隔離の理念を壁面被覆として形式的に留めながらヴォールトを支持するロマネスクの壁は、まさにゼムパーにとって、被覆の芸術的表現を喪失した物質的構造体であった。これに対してフィードラーは、ロマネスク建築の壁に、石材起源のヴォールト支持でも、織物起源の空間隔離でもない、石材起源の新しい空間隔離の理念が表現されていると見ている。つまり彼は、空間隔離の理念に対して、石材起源と織物起源という2つの起源を想定しているのである。ゼムパーは空間隔離の理念の起源を織物にしか認めない。『建築芸術の四要素』以来、特定の素材・技術（陶工術、織工術、木工術、石工術）と建築の各要素（炉、囲い、屋根、基壇）とを結びつけて思考するゼムパーにとって、囲いとしての壁の起源にあるのは織工術・織物であって、石工術ではない。したがって、織物を前提とする空間的理念が「囲い」という空間隔離の理念につながっているのであり、石材を前提とする空間的理念はそれとは別の「基壇」という荷重支持の理念につながるものであった。これが、石造によって建築的・

空間的理念を具体化する2つの方法にほかならない。フィードラーは、ゼムパーに影響を受けながらも、ゼムパー理論の前提をなす素材・技術と建築要素とのつながりを解いて、織物起源とは別に石材起源の空間隔離の理念をロマネスク建築に見出し、独自に評価したのである。結局、ゼムパーとフィードラーのあいだの差異は、石材起源の空間隔離の理念を認めるか否かにある。またこのことは、訳註26に示したオーダーとアーチの関係の捉え方における両者の差異にも通じている。

33 フィードラーは前註に示したように、ロマネスク建築を、特にそのヴォールトと壁とを、石材起源の新しい空間隔離の理念を示すものとして評価し、ここで、外壁におけるその具体的表現を指摘している。これは、石材壁体の連続一体性(繋がりと厚み)を表現する層状形式とも呼べるものである。しかし前註を踏まえれば、ゼムパーならばこれを織物起源の被覆表現のひとつと見做すであろう。

34 古代のバシリカは、古代ローマ都市のフォルムを形成する重要な公共建築物で、裁判や商取引など多目的に使われた。長方形平面を持ち、内部を列柱によって中央の広間とそれを取り巻く回廊に分節する。また、広間の天井高を周囲のそれよりも高くし、その差を利用して採光した。古代ローマにおいてキリスト教が公認されると、バシリカを手本に教会堂が建てられた。こうした初期キリスト教建築は、やがて中世のキリスト教の長軸式教会堂へと展開していった。よってバシリカは、古代ローマの多目的公共建築物、キリスト教の長軸式教会堂の両方を意味する言葉となっている。

35 方円柱頭とは、立方体の下方が円柱の柱身に適合するように半球状に造形されたロマネスク建築特有の柱頭である。ブロッ

ク状柱頭、クッション状柱頭などとも呼ばれる。

36 方形台座は、ここでは、柱礎下部をなす方形のプリンスを指している。中世建築では、円柱柱礎の半円断面の凸形モールディング、いわゆるトルスから、プリンスの四隅へと張り出す蹴爪状の装飾がしばしば施された。これによって円形のトルスが方形のプリンスにしっかりと繋がれ、視覚的な安定性が得られることは、ジョン・ラスキン (John Ruskin, 1819-1900) も『ヴェネツィアの石 (*The stones of Venice*)』(1851-1853) の第1巻第7章のなかで論じている（福田晴虔訳『ヴェネツィアの石［第1巻］―「基礎」篇―』中央公論美術出版、1994年、96-100頁）。

37 交差ヴォールトは同形のふたつの半円筒ヴォールトを直交させたもの。交差によって生じる稜線に沿って四隅に荷重が集まるため、半円筒ヴォールトに比較して開口を大きくとることが可能になる。

38 リブとはヴォールトの力骨になる肋材であり、柱から柱にアーチ状に施される。リブ・ヴォールトとは交差ヴォールトの稜線の下側にリブが設けられたものであり、盛期ロマネスク建築では、このリブがシャフトのかたちで地上まで連続している。壁とヴォールトとの一体化を進めるこうした形式は、壁柱と壁面との連続性を保つ処理も含めて、石造壁体の連続一体性を表現するものであり、訳註32で述べたロマネスク建築における石材起源の新しい空間隔離の理念を内部空間に示す具体的表現にほかならない。

39 ブルネレスキ (Filippo Brunelleschi, 1377-1446) によるフィレンツェ大聖堂のドームは二重殻構造を採用し、8本のリブが、その内殻と外殻とを接合すると同時に、巨大な量塊を分

節しながら立ち上がって上方でひとつに結ばれる。ミケランジェロ（Michelangelo Buonarroti, 1475–1564）によるサン・ピエトロ大聖堂のドームは、フィレンツェ大聖堂のドームを踏襲しながら、リブ本数を倍増するなどしてより彫塑的に造形されている。フィードラーのルネサンス建築に対する評価は、訳註 21 に示したように否定的であった。ここで、ルネサンス建築の始まりと終わりとを画する 2 つのドームをフィードラーは高く評価しているが、それも、ローマ回帰を根拠にしてではなく、彼が可能性を見出していた訳註 32 に示したようなロマネスクの建築的着想を継ぐものとしてであった。つまり、ロマネスク建築に孕まれていたヴォールトによる空間隔離の表現可能性を、新しく展開したものとしての評価であった。訳註 21 に述べたように、ゼンパーは帝政ローマ建築からの展開可能性を、ブラマンテとボッロミーニという静動の両極のあいだに見ていた。フィードラーはロマネスク建築からの展開可能性を、ルネサンス建築の始まりと終わりとを画する 2 つのドームに見た。両者のルネサンス建築の精華とその起源の捉え方には大きな差異がある。

40 『造形芸術作品の評価』でも、造形芸術活動が袋小路に入り込んでいるという状況分析と、そこからの脱出へ向けた希望とを述べて論を閉じている[FS1:47-48]。「建築芸術の本質と歴史」の締め括りは、『造形芸術作品の評価』のそれを建築芸術に即して言い換えたものである。

#　解　説

　本書は、ゴットフリート・ゼムパー（Gottfried Semper, 1803-1879）とコンラート・フィードラー（Konrad Fiedler, 1841-1895）が、それぞれ建築芸術の起源と本質に遡って建築を論じた、*Die vier Elemente der Baukunst: Ein Beitrag zur vergleichenden Baukunde*, Vieweg und Sohn, Braunschweig, 1851 と "Bemerkungen über Wesen und Geschichte der Baukunst" in *Deutsche Rundschau*, XV, 1878, S.361-383 という小論二編を全訳し、あわせて一冊としたものである。

　ゼムパーとフィードラーについては、それぞれ建築理論と芸術理論の近代化において重要な役割を果たした人物として、すでに様々に論じられているのではあるが、まずは手短に彼らの経歴から確認しておきたい。

1．ゼムパーとフィードラーについて

1-1. ゼムパーの略歴と著作

　ゴットフリート・ゼムパーは、19世紀中期ドイツを代表する建築家であり、かつ、多くの理論的著作によって、近代建築理論の成立に大きな影響を与えた建築理論家でもある。

　ゼムパーは、1803年11月30日、ハンブルク近郊アルトナに商人の子として誕生した。二十歳の時にゲッティンゲン大学

に進み法学を学ぶが、このとき古典学と数学とに没頭して、考古学の大家ミューラー (Karl Otfried Müller, 1797–1840) に師事したことで、ギリシア芸術への眼を開かれた。1825 年に大学を終えて、建築修業を開始する。はじめはミュンヘンのゲルトナー (Friedrich von Gärtner, 1792–1847) のもとで働いたり、レーゲンスブルクで聖堂建築の助手を勤めたりしたものの長続きはしなかった。転機となったのは、1826 年にパリに出て、ドイツ人建築家フランツ・クリスチャン・ガウ (Franz Christian Gau, 1790–1854) に師事したことである。ガウの周辺には、同じドイツ人建築家であり、当時、古代建築のポリクロミー復元案を提示して、1820 年代のポリクロミー論争の中心にいたジャック・イニャス・イットルフ (Jacques-Ignace Hittorff, 独：Jakob Ignaz Hittorff, 1792–1867) がいた。また、ガウ自身もイタリア、エジプトでの古代遺跡調査の成果を、労作 *Antiquités de la Nubie, ou monuments inédits des bords du Nil situés entre la première et la seconde cataracte, dessinés et mesurés en 1819*, J.G. Cotta, 1822 などで発表していた。ゼンパーはこうしたサークルで刺激を受け、1830 年 9 月、イタリア、ギリシアへの調査旅行を敢行する。足掛け 4 年に及ぶこの古代遺跡調査旅行から故郷アルトナに帰還したゼンパーは、1934 年春には調査旅行の成果をポリクロミーに関する小論にまとめて刊行している。古代建築のポリクロミーに関する専門家としてのキャリアを積むことで、ヨーロッパ建築界に頭角を現したのである。ゼンパーがドレスデン美術アカデミーの主任教授に着任するのは、この直後

解　説

である。ゼムパーはそこで、ドレスデン宮廷劇場を建設するなど、建築家として華々しい活動を展開するが、音楽家リヒャルト・ヴァーグナー（Wilhelm Richard Wagner, 1813-1883）等とともに、1848年にはじまる革命運動にともなう市民蜂起に参加して、1849年にパリに亡命することになる。さらに1851年には、ロンドン万国博覧会の準備にたずさわるため、ロンドンへと渡っている。こうした亡命生活のなかで、ゼムパーは、本書に訳出した『建築芸術の四要素』など、のちに『技術的・結構的諸芸術における様式』へとつながっていく重要な理論的著作を発表している。その後、1855年にチューリヒ工科大学に招聘されたゼムパーは、そこで、理論家として未完の大著『技術的・結構的諸芸術における様式』を上梓するとともに、実践家としていわゆる「ヴァーグナー劇場」を構想した。また、1869年に焼失したドレスデン宮廷劇場の再建を大赦を得て任されるなど、チューリヒでの16年間を円熟のうちにすごしている。晩年の1871年にはウィーンに移って、王宮を拡張するカイザーフォーラムを構想するものの、実現への過程で度重なる計画変更を余儀なくされ、1876年、失意のうちにウィーンを去った。その後は、イタリアへと赴き、1879年5月15日、ローマで75年の生涯を閉じている。

　本書に訳出した『建築芸術の四要素』を含めて、ゼムパーの主な著作を次に示す。

Vorläufige Bemerkungen über bemalte Architectur und Plastik bei den Alten, Johann Friedrich Hammerich, Altona, 1834.（『古代人の彩

色建築・彫刻についての覚書』)

Die vier Elemente der Baukunst: Ein Beitrag zur vergleichenden Baukunde, Vieweg und Sohn, Braunschweig, 1851.(『建築芸術の四要素』)

Wissenschaft, Industrie, und Kunst: Vorschläge zur Anregung nationalen Kunstgefühles, Vieweg und Sohn, Braunschweig, 1852.(『科学・産業・芸術』)

Der Stil in den technischen und tektonischen Künsten oder praktische Ästhetik: Ein Handbuch für Techniker, Künstler und Kunstfreunde, Bd.1, Verlag für Kunst und Wissenschaft, Frankfurt a. M., 1860, Bd. 2, Friedrich Bruckmann, München, 1863.(『技術的・結構的諸芸術における様式』)

その他の論考の多くは次の著作集に所収されている。

Kleine Schriften, hrsg. v. Manfred und Hans Semper, W. Spemann, Berlin und Stuttgart, 1884.(『小論集』)

また、構想に終わった重要な著作として、ドレスデンでの講義録に基づく「比較建築論(Vergleichende Baulehre)」がある。これを含むゼムパーの草稿・図面等は、チューリヒのスイス連邦工科大学にアーカイブとして保管・整理され、カタログとして公開されている[1]。

こうした文献に基づくヘルマンやマルグレイヴらの研究によって、ゼムパーの建築思想の展開は、すでにかなりの程度明らかになっているし[2]、主要な著作の英語訳も、入手しやすいかたちで存在している[3]。しかし日本語では、大倉三郎の先駆

解説

的労作『ゴットフリード・ゼンパーの建築論的研究』(中央公論美術出版、1992年)によって、彼の思想の全体像をつかむことができるものの、ゼンパーの著作の翻訳は存在していなかった。本書が、初めての日本語訳ということになる。

1-2. フィードラーの略歴と著作

コンラート・フィードラーは、純粋可視性の理論によって近代芸術学の理論的地平を拓いた19世紀後期ドイツの芸術学者である。また、芸術庇護者としても知られている。

フィードラーは、1841年9月23日、ザクセンの小都市エーデランに資産家の子として誕生した。1856年から1861年にかけて法律家を目指し、ハイデルベルク、ベルリン、ライプツィヒなどの大学で法学を学んだ。学位を得て、1865年には国家試験に合格し弁護士となるものの、わずか1年ほどインターンを勤めただけで、法律家としての人生に飽き足らず、美術巡礼の旅に出る。この巡礼は、パリ、ロンドンからはじまり、イタリア、ギリシア、スペイン、エジプト、シリア、パレスチナに及んだ。なかでも長期滞在したイタリアは、ドイツとならぶその後の人生の拠点となる。そして、彼にとって決定的であったのが、このイタリア滞在中、1866年冬ローマでの4歳年長のドイツ人画家ハンス・フォン・マレース (Hans von Marées, 1837–1887) との出会いであった。マレースはいわゆる Deutsch-Römer(ドイッチェ・レーマー)(ローマ滞在ドイツ人芸術家)を代表する芸術家のひとりである。さらにこのマレースが、フィードラーと

207

出会った後、1867年4月に知り合いとなった同じドイッチェ・レーマーで彼より10歳年少の彫刻家アドルフ・フォン・ヒルデブラント（Adolf von Hildebrand, 1847–1921）を、フィードラーに紹介した。この三者のあいだの親交が、フィードラーをして造形芸術への関心を深め、その洞察力を磨いて、造形芸術の理論的研究に献身させる契機となったのである。芸術活動を受容ではなく制作の立場に立って理論的に追求し、その精神的意義を解明しようというフィードラーの姿勢は、こうした芸術家たちとの親交なしには成立し得なかった。また、ヒルデブラントも、フィードラーによる理論上の助言を得て、*Das Problem der Form in der bildenden Kunst*, J. H. Ed. Heitz, Strassburg, 1893（『造形芸術における形の問題』加藤哲弘訳、中央公論美術出版、1993年）を刊行した。この著作は、実践家としてのヒルデブラントの芸術観の披瀝にとどまらず、フィードラーの芸術論をアロイス・リーグル（Alois Riegl, 1858–1905）やハインリヒ・ヴェルフリン（Heinrich Wölfflin, 1864–1945）の美術史研究へと架橋する役割を果たした。三者の出会いと親交が、のちの芸術学と美術史の展開に計り知れない影響を与えることになったのである。この交わりには、ベックリン（Arnold Böcklin, 1827–1901）、ファイエルバッハ（Anselm Freuerbach, 1829–1880）らも加わった。こうした芸術家たちにとって、資産家であったフィードラーは、強力な理論的代弁者であると同時に、自分たちの芸術傾向や芸術運動を熱心に庇護してくれるパトロンでもあった。フィードラーは、1874年から、マレース、ヒルデブラントとともに、フィ

解 説

レンツェ郊外の古い修道院フランチェスコ・ディ・パオラをアトリエ兼住居として、共同生活を営む。同じ年には、ベルリン美術館素描版画館長の地位を提供されているが、これを断るほど、芸術家との直接の接触を重視したのである。その後、フィードラーは、1876年に、ベルリン美術館絵画館長ユリウス・マイヤー（Julius Meyer, 1830–1893）の娘マリーと結婚し、はじめはベルリンに、のちにミュンヘンに生活したが、毎春妻とともにフィレンツェ郊外の修道院で過ごしている。しかし、ミュンヘンの自宅窓からの転落によって、1895年6月3日、54年の生涯を突然閉じることになった。

　本書に訳出した「建築芸術の本質と歴史」と、フィードラーの主な著作を次に示す。

Über die Beurteilung von Werken der bildenden Kunst, S. Hirzel, Leipzig, 1876.（『造形芸術作品の評価』）

"Bemerkungen über Wesen und Geschichte der Baukunst" in *Deutsche Rundschau*, XV, 1878, S.361-383.（「建築芸術の本質と歴史についての覚書」）

Der Ursprung der künstlerischen Thätigkeit, S. Hirzel, Leipzig, 1887.（『芸術活動の根源』：現行の著作集には "Über den Ursprung der Künstlerischen Tätigkeit" として所収）

　フィードラーの著作集は、彼の死後まもなく編まれている。

Conrad Fiedlers Schriften über Kunst, Hrsg. von Hans Marbach, Leipzig, 1896.

　この旧著作集には、「建築芸術の本質と歴史」は収められて

いないが、その後、これらを含むかたちで2巻に拡充された新著作集が刊行されている。

Konrad Fiedler, *Schriften über Kunst*, 2 Bde., Hrsg. von Hermann Konnerth, Piper, München, 1913/1914.

このようにフィードラーの著作集は早くから編まれ、その後も拡充されて、繰り返し出版し直されている。現在のかたちは次のものである。

Konrad Fiedler, *Schriften zur Kunst*, 2 Bde., Hrsg. von Gottfried Boehm, Wilhelm Fink Verlag, München, 2. verbesserte und erweiterte Auflage 1991.

この最新著作集における、編集者ベームによる序文と第2版冒頭の付記が、優れたフィードラー論となっている。こうしたフィードラーの著作は、日本語でも、代表作『芸術活動の根源』が山崎正和・物部晃二訳で『世界の名著81 近代の芸術論』(中央公論社、1974年)に収められ、広く知られている。また、金田廉、清水清、髙阪一治らによる翻訳をあわせれば、著作集の大半を日本語で読むことができる[4]。しかし、「建築芸術の本質と歴史」については、英語訳が入手しやすいかたちで存在しているものの[5]、日本語による翻訳はなかった。本書が、初めての日本語訳ということになる。

2.「建築芸術の四要素」「建築芸術の本質と歴史」の背景

本書に訳出した両論考の背景として、美術史・建築史の19

解　説

世紀を振り返っておこう。

　19世紀は、啓蒙の世紀に残存した非科学的な思考法を、その実証主義によって払拭していった。歴史学において象徴的なのは、聖書年代学に基づいた神話的年代観の崩壊であろう。人類史を6000年に固定する創世紀元は、啓蒙主義の広がりによって18世紀のあいだに影響力を弱め、18世紀末にはキリスト紀元に取って代わられる。そして、チャールズ・ロバート・ダーウィン（Charles Robert Darwin, 1809–1882）が1838年に着想した自然淘汰説に基づく進化論によって、アダムの歴史からの退場が完成する。実証主義の19世紀は、経験に基づく科学的認識こそ唯一の現実所有のあり方だと見做した。

　美術史においても、19世紀初頭から文献学的方法が台頭する。プリニウス（Gaius Plinius Secundus, 23?–79）やヴァザーリ（Giorgio Vasari, 1511–1574）らによる伝記的文献に対する史料批判が行われ、直接的な文献資料を扱っての史料編纂が進んだ。1839年に刊行がはじまったパウリ（August Pauly, 1796–1845）による『古典古代学大百科事典（*Realencyclopadie der classischen Altertumswissenschaft*）』」などは、古典文献学におけるその代表的成果であろう。

　このころ、ギリシア独立戦争（1821–1829）によってギリシアがトルコ支配から解放される。古代ギリシアの造形芸術を、直接に目にすることが可能となったのである。ここに生じたのが、古代建築における多彩色装飾の問題をめぐるポリクロミー論争であった。この論争は、カトルメール・ド・カンシー

211

(Antoine-Chrysostome Quatremère de Quincy, 1755-1849) が、『オリュムポスのユピテル (*Le Jupiter olympien: l'art de la sculpture antique considéré sous un nouveau point de vue*)』(1815) において、古代彫刻におけるポリクロミーのシステムを示したことにはじまる。これが端的に、古典芸術の本質をフォルムとプロポーションに基づく形式原理に認めて、「白い古代」を理想とするヴィンケルマン的新古典主義美学に対する疑義を意味したからである。この論争の中心テーマは、ギリシアでの古代遺跡の発掘調査が進むなかで、彩色の有無をめぐる問題から、彩色のあり方をめぐる問題へと移行した。イットルフが、イタリア、シチリアでの古代遺跡調査の成果として、1827年に発表した『シチリアの古代建築 (*L'Architecture antique de la Sicile*)』で、カンシーの示した古代彫刻におけるポリクロミーのシステムを建築にも適用し、ギリシア神殿全面彩色説を大胆に主張したのをきっかけに、この全面彩色説と、ヴィンケルマン的古典観の擁護を図る白を基調とした彩色説のあいだで、論争が展開されたのである。その後、ポリクロミーの問題は、オーウェン・ジョーンズ (Owen Jones, 1809-1874)が『装飾の文法 (*The Grammer of Ornament*)』(1856) においてより一般的で実践的な理論のもとに捉えたように、19世紀後半には、考古学的な問題から同時代における実践の問題となっていった。

　19世紀初頭から中頃にかけては、19世紀末の列強による世界の植民地支配の完成へと向かう時代でもあった。ギリシア本土、ペルガモンやエフェソスといったヘレニズムの地における、

解 説

遺跡・遺物の発掘調査が実現したのみならず、フランスとイギリスをはじめとするヨーロッパ各国による旧約の地での発掘競争にともなって、ニネベやニムルドといった古代アッシリアの諸都市も発見・発掘されていった。こうした発掘競争の主役であったポール・エミール・ボッタ（Paul-Émile Botta, 1802–1870）とオースティン・ヘンリー・レヤード（Austen Henry Layard, 1817–1894）によるメソポタミア調査旅行での発掘品は、それぞれルーヴル美術館と大英博物館に収められ、そこに含まれていた碑文の解読を通して、いわゆるアッシリア学が成立している。こうした動きは、エジプト、ビザンチン、ロマネスク、ゴシックなど、幅広い地域・時代に関しても進み、それらの地域・時代の姿が実証的に明らかにされていった。

　以上のような史料批判・史料編纂と各地域・時代の遺跡・遺物調査の進行は、19世紀における美術史・建築史研究を必然的に百科全書的な方向に導くことになった。

　美術史においては、カール・フリードリヒ・フォン・ルーモール（Karl Friedrich von Rumohr, 1785–1843）の『イタリア研究（*Italienische Forschungen*）』（1827）を嚆矢として、鑑識と史料批判に基づいて作品総目録を作り上げていくようなタイプの研究が続く。ジョヴァンニ・モレッリ（Giovanni Morelli, 1816–1891）による、特定の細部における芸術家の癖に着目する鑑定方法も、こうした流れを補強することになった。美術史全体を概説するものとしては、エジプトやギリシア、ローマにとどまらず、世界各地の造形芸術の実態を詳述したフランツ・テオドール・

213

クーグラー (Franz Theodor Kugler, 1808-1858) による『美術史ハンドブック (Handbuch der Kunstgeschichte)』2巻 (1841-42) などが著された。さらにここに、文化の総体と関連させて美術史を捉えようという文化史の試みが加わる。『イタリア・ルネサンスの文化 (Die Kultur der Renaissance in Italien)』(1860：柴田治三郎訳、中央公論新社、中公クラシックス版ⅠⅡ 2002年) といったヤーコプ・ブルクハルト (Carl Jacob Christoph Burckhardt, 1818-1897) の諸著作は、文化史としてルネサンスを総合的に捉えるものであった。イタリア、ネーデルランドの絵画を扱ったクロウ (Joseph Archer Crowe, 1825-1896) とカヴァルカゼッレ (Giovanni Battista Cavalcaselle, 1817-1897) の一連の共著などは、鑑識と史料批判、そして文化史的視点を兼ね備えたものとして、19世紀の半ばの美術史研究のあり方をよく示している。

　建築史研究も、こうした美術史研究の流れを反映している。フィッシャー・フォン・エルラッハ (Johann Bernhard Fischer von Erlach, 1656-1723) が、芽生えたばかりの考古学を頼りに、『歴史的建築の構想 (Entwurff einer historischen Archtektur)』(1721：中村惠三編著『「歴史的建築の構想」註解』中央公論美術出版、1995年) で先鞭をつけた百科全書的な建築史の試みは、19世紀中頃には、様々な地域・時代の建築史研究の蓄積を経て、より精密な科学的認識に基づく著述が可能な状況となっていたのである。ドイツにおけるクーグラーの『建築史 (Geschichte der Baukunst)』4巻 (1856-1872)、イギリスにおけるジェイムズ・ファーガソン (James Fergusson, 1808-1886) の『建築史 (A History of

解説

Architecture)』3巻（1865–1867）は、実証的な世界建築史の最初のまとまった成果であった。こうした試みは、フランスでも、オーギュスト・ショワジー（Auguste Choisy, 1841–1909）の『建築史（*Histoire de L'Architecture*）』2巻（1899：桐敷真次郎訳、中央公論美術出版、上下 2008 年）として現れる。また、現在に至るまで増補改訂を重ねて刊行され続けているフレッチャー父子（Banister Fletcher, 1833–1899 & Sir Banister Flight Fletcher, 1866–1953）の『比較法による建築史（*History of Architecture on the Comparative Method*）』（1896：飯田喜四郎監訳『フレッチャー図説　世界建築の歴史大事典』西村書店、2012 年）なども、こうした 19 世紀の産物のひとつであろう。

3. 両論考の成り立ちと概要

3-1.「建築芸術の四要素」：ポリクロミーと建築の起源への遡行

　ゼムパーの諸著作も、19 世紀的な性格を色濃く持っている。

　今回訳出した『建築芸術の四要素』は、ゼムパーが亡命先で、ドレスデンでの講義録をもとに構想していた「比較建築論」のエッセンスを、前著『古代人の彩色建築・彫刻についての覚書』に対する批判への反論と合わせて、刊行したものである[6]。

　若きゼムパーが、師事するガウやその盟友のイットルフらからの刺激のもと敢行したイタリア、ギリシアへの古代遺跡調査旅行は、足掛け 4 年に及んだ。1830 年 9 月、パリからイタリアに向けて旅立ったゼムパーは、当初の計画を大幅に延長・拡

215

大して、ローマからイタリアを南下し、ナポリ、ポンペイを経て、パエストゥムに立ち寄った後、シチリアに渡り、1931年秋には、独立戦争後の政情不安にあったギリシア本土へと上陸している。この間、1832年5月にギリシアを離れるまで、ジュール・グーリー（Jules Goury, 1803–1834）と行動をともにした。その後、イタリアに戻ってナポリ・ポンペイを再訪し、最後の本格的調査地となったローマで、エトルリアの墳墓遺跡を含む1年にわたる調査を行っている。結局、ゼムパーは、1833年7月に帰国の途につき、翌年1月に故郷アルトナに帰還するのであるが、その途中、クリスマスのころに、ベルリンでカール・フリードリッヒ・シンケル（Karl Friedrich Schinkel, 1781–1841）との面会を果たし、ポリクロミー現地調査の報告をしている。このときシンケルのサークルにいて、この報告を目にしていたのが、のちにゼムパーのポリクロミー復元案に対する批判者となるクーグラーであった。

　ゼムパーは、このポリクロミー調査の成果を、『建築と彫刻における色彩の使用（*Die Anwendung der Farben in der Architektur und Plastik*)』と題された大型本として公表しようと構想し、試し刷りを行い、その予告編として小冊子を出版した。これが、『建築芸術の四要素』の前著となる『古代人の彩色建築・彫刻についての覚書』である。ここでゼムパーは、エナメル質のポリクロミーによるギリシア神殿全面彩色説を唱えて、イットルフの提示したポリクロミーシステムをさらに鮮やかなものへと展開した。こうして、ゼムパーは、イットルフとともに全面彩

色説の代表的支持者として、ポリクロミー論争の表舞台に立つことになった。そして、ここにベルリン・アカデミーの若き美術史家クーグラーによる徹底した批判が寄せられるのである。彼は、『ギリシア建築と彫刻におけるポリクロミーとその限度（*Ueber die Polychromie der griechischen Architectur und Sculptur und ihre Grenzen*）』(1835) で、ポリクロミー否定と全面彩色説の中間的立場から、つまり白を基調とする彩色説を採って、ヴィンケルマン的古典観の擁護を図った。ゼムパーがこの批判に対する即座の反論を断念したこともあり、1830年代の終わりには、ポリクロミー論争は白を基調とする彩色説にいったん落ち着いたのであるが、イットルフが1830年代から準備していた大著『セリヌスのエンペドクレス神殿の復元（*Restitution du temple d'Empédocle à Sélinonte; ou, l'architecture polychrome chez les Grecs*）』(1851) の刊行によって、全面彩色説が再浮上する[7]。『建築芸術の四要素』は、こうした流れにあわせて出版され、全面彩色説批判に対する反論の機会を得たゼムパーは、『建築芸術の四要素』の前半を割いて、ピュティアの神託をめぐる解釈と科学的証拠を根拠に、クーグラーの言説を逐一論破している。

『建築芸術の四要素』では、こうしたポリクロミー論争に関わる前半部分と、タイトルにもなっている建築芸術の四要素を論じる後半部分とが、互いに独立した内容を扱っているように見える[8]。後半部分は、建築芸術をその起源に遡って考察するもので、それは、ゼムパーが、『古代人の彩色建築・彫刻についての覚書』出版後の1840年代に、ドレスデンでの講義録に

基づいて、そこにそのころ発見の相次いだアッシリアの古代遺跡発掘の成果を取り入れながら構想していた、「比較建築論」のエッセンスをなすものであった。

『建築芸術の四要素』の後半部分では、まず、ギリシア建築がそれに先行する様々な建築的伝統の上に存在していることを述べ、特定の素材と技術とに結びついた建築の四要素（炉、囲い、屋根、基壇）の成立を建築の起源に遡って捉える。そして、この四要素からなる「原始の建築的形式」からギリシア盛期の建築作品に至る、建築芸術の展開を素描している。その素描は大きく2つのテーマをめぐってなされる。

ひとつめのテーマは、四要素（炉、囲い、屋根、基壇）のうち、特に「囲い」のモチーフに着目した被覆論として論じられている。ゼムパーは、古代アッシリアの板状壁面に、織物によって空間を隔離するという「囲い」の理念の象徴を認め、素材を代えても被覆に「囲い」の理念が継承されていくことを示す。ここから、エジプトにおける被覆のあり方を論じた後、中国やフェニキアにおける被覆のあり方に触れて、ギリシアにおけるポリクロミーも、こうした被覆と同じように、織物による「囲い」の理念に起源をもつことを指摘する。ここで、のちにゼムパーの建築論の中心理論となる被覆論が初めて公表されたのである。

ふたつめのテーマは、四要素の組み合わせによって形成される建築のタイプをめぐって論じられている。ゼムパーは、「屋根」から展開する小屋建築と「囲い」から展開する中庭建築と

解説

が、拡張と防御、従属という3つの原則に従って、ときに複合しながら、さまざまな建築として組織されるさまを、中国、エジプト、アッシリア、フェニキアの建築を取り上げて示す。そして、ギリシア建築を、小屋建築と中庭建築とが複合するなかで、建築の四要素が民主的に調和し、完全な表現に達したものであると指摘する。

こうした論点は、マルク＝アントワーヌ・ロージエ（Marc-Antoine Laugier, 1713–1769）の『建築試論（*Essai sur l'architecture*）』（1753：三宅理一訳、中央公論美術出版、1986年）に発する「原始の小屋」をめぐる議論の近代的展開と捉え得る。ロージエ神父は、建築の起源に遡り、自然と単純さとを結びつけて、それを建築の一般原理として提示した。それは、垂直に立てられた木材（柱）、その上に載る水平材（エンタブラチャ）、屋根をなす傾斜材（ペディメント）とで構成されるもので、いわばジャン＝ジャック・ルソー（Jean-Jacques Rousseau, 1712–1778）の「高貴なる野人」に対応する、建築の範型的理念であった。ロージエ神父の原始の小屋を継承して議論を進めたのがカンシーである。彼は、自然が建築に呈示する範型として、洞窟、天幕、小屋の3つを指摘し、それぞれをエジプト建築、中国建築、ギリシア建築とに結びつけ、ギリシア建築として完成する小屋に優位性を与えた。これをさらに進めたのがゼムパーである。カンシーは洞窟、天幕、小屋のそれぞれを、聖書に基づく民族の起源から、まず狩猟者、羊飼い、農民に結びつけていた。聖書年代学を反映した3つの生活様式を前提にして、それぞれの建築

219

が発展したと捉えたのである。ゼムパーは、『古代人の彩色建築・彫刻についての覚書』から『建築芸術の四要素』へと進んでいくなかで、こうした神話的な歴史把握を払拭している。そして、起源における建築を、カンシーらのように形式そのものとして思考するのではなく、考古学的発見の成果に基づきながら、形式的要素の組み合わせとして分析的に思考している。ゼムパーは、科学的な思考によって、理念としての起源へと遡行し、建築の起源によりしっかりとした基礎づけを与えようとしたのであり、ここに、彼の原始の小屋が持つ革新性があった。

　ロージエとカンシーを継ぎながら建築の起源を探究するにあたってのゼムパーの科学的な思考の仕方に、原始の小屋という原理的問題にポリクロミーという考古学的問題を引き寄せる素地を見出すことができるだろう。こうして、もともと成立動機を異にしていた『建築芸術の四要素』の前半部分と後半部分とが合わされることになり、ポリクロミーと原始の小屋に対するカンシーの先駆的問題提起を架橋するように、ポリクロミー論争という考古学的論争が、炉、囲い、屋根、基壇という要素へと還元された建築の起源への問いに、被覆論を介して結びついていったのである。

　このような『建築芸術の四要素』の内容は、晩年の『技術的・結構的諸芸術における様式』における論点を先取りすることになったのであるが、両書の橋渡しには、『建築芸術の四要素』の直後に刊行された『科学・産業・芸術』での議論が必要であった。ロンドン万国博覧会閉会を機に著された『科学・産業・芸術』

解　説

で、ゼムパーは、建築芸術を、四要素（炉、囲い、屋根、基壇）に対応する四技術（陶工術、織工術、木工術、石工術）の協働として捉え直す。建築の起源への問いから提示された原要素に代わって、それに結びついていた原技術（工芸）が自立し、『技術的・結構的諸芸術における様式』著述の枠組みが出来上がっていったのである。こうして、ゼムパーは、建築芸術の起源を工芸に見て、使用目的から導かれた理念的形式と、それに応じる素材と技術とに即して、建築的・工芸的形式の生成と展開とに内在する法則を実証的に探究する道へと進んだ。しかし、こうした唯物的な方法はゼムパー理論のあくまで一側面であることにも、注意しておかなければならない。

　『技術的・結構的諸芸術における様式』では、「原始の建築的形式」の構成要素である、炉、囲い、屋根、基壇は、基本的な目的を有する生活必需品であって、これらの要素に結びついた陶工術、織工術、木工術、石工術という技術と素材とに即して形態化されると論じられる。このように、ゼムパーは、建築的形式の成立と展開とを決定する要因として、まず目的、そして素材と技術とを取り上げた。さらに、これらに加えて、気候風土や民族性にも目を向けている。つまり、彼は、「原始の建築的形式」へと遡行し、この原型が、使用目的から導かれた炉、囲い、屋根、基壇という理念的形式を継承しながら、素材が変われば新しい素材・技術の特性を加えられ、土地が移れば新しい気候風土・民族性の影響を受けて、変形されていく過程と、そこに内在する法則とを、歴史的方法によって探究したのであ

る。そして、この上に、様々な物質的諸条件からなる建築的形式が芸術形式へと昇華するには、こうした制約から離脱し、純粋形式へと精神化されなければならない、つまり、形式として自足しなければならないというゼムパー独自の芸術理論を被覆論として展開した。

　ゼムパーは、建築の四要素のなかでも特に「囲い」という要素と、それに結びついた織工術・織物という技術・素材とを重視した。ゼムパーは、『技術的・結構的諸芸術における様式』において、「（織工術と陶工術という）両技芸のうち、またしても織工術が無条件の優先権を有する。というのも、織工術は、いわば原芸術と認められるからである。陶工術も含めて、ほかのあらゆる技芸が、それぞれの型と象徴とを織工術から借用したのに対して、織工術自体は、この点でまったく自立しているように見え、その型を自ら形成している、ないしは、直接自然から借りているのである」［SS1:13］と、述べている。ゼムパーが、囲い・織工術・織物に着目したのは、それらが彼の被覆論の根拠をなす要素・技術・素材だからである。

　被覆論は主に、被覆における構造とその表現との関係を論じるもので、被覆が構造象徴として働いて構造と表現とが一致するときに、建築的形式の芸術形式への昇華が達成されるとする。こうした考えは、すでに確認したように、色彩被覆（Farbenbekleidung）とも呼ばれるポリクロミーへの関心が、建築の四要素のひとつである「囲い」を論じるなかに包摂されて成立したのだった。そして、被覆論は、『建築芸術の四要素』で

解説

着想された段階では、被覆を、素材を代えても元の素材や伝統的形式を連想させる象徴として捉えていたのであるが、『技術的・結構的諸芸術における様式』で展開された段階では、被覆を、物質的諸条件から形式を離脱させ、純粋化する、換言すれば、形式を象徴化するものとして、よりダイナミックに捉えるようになっていく。

　形式を純粋化する、こうした被覆の象徴作用は、ギリシアのポリクロミーにおいて達成される[9]。「古代ギリシアの建築原理は、最も巧妙で非物体的な被覆として、とりわけ色彩について、その効果を立証し、磨いていく必要があった。色彩は、物質を被覆するものでありながら、それ自身は非物質的であるから、現実を捨て去る完全な手段である。」[SS1:445] これに次の言説をあわせて見れば、「現実を捨て去る完全な手段」とされるポリクロミーの効果を、ゼムパーがどのように捉えていたかを知ることができる。「形式が、意味深い象徴として、人間の自立した創造物として現れるべきところでは、現実の破棄、物質的なものの破棄が不可欠だ。(中略) 高度に芸術を発展させた時代の巨匠たちは、現実を覆い隠すマスクからも物質的なものを覆い隠したのである。」[SS1:231] すなわち、ポリクロミーの効果とは、物質的現実を破棄して、形式を意味深い象徴として現すことである[10]。

　ギリシアのポリクロミーをモデルとする、こうした被覆論こそ、ゼムパー理論の創意を支える理論的根拠となるものである。

　つまり、被覆論は唯物的な理論ではない。目的や素材、技術

の限定の上に成立する建築や工芸が、そうした制約を超えて純粋形式へと至るときに、芸術的表現を獲得するとゼムパーは考えた。さらに言えば、彼は、目的や素材、技術を、芸術外的なものと見ないで、芸術表現と融合した芸術内的な芸術形式の作因と捉え、目的や素材、技術からなる形式を、物質的な現実的諸条件から離脱させ、理想的純粋形式へと精神化することに、芸術形式生成の内在的原理を見出したのである。

　このように、ゼムパーは、芸術外的な物質的諸条件が芸術形式を直接規定するといった単純な唯物論者ではなかった。しかし、ゼムパーの理論は、その創意を十分に汲み取られることなく、彼の追随者にさえ誤解され、唯物的芸術論の代表格と捉えられていく。これは、近代建築論の領域においても同様であった。オットー・ヴァーグナー（Otto Wagner, 1841–1918）は、ゼムパー理論の唯物的側面を高く評価しながら、被覆論の中核をなす被覆の象徴作用に対しては批判を加えたし[11]、アドルフ・ロース（Adolf Loos, 1870–1933）も、ゼムパーの被覆論をイミテーション否定の論理として積極的に継承しながら、それをあえて即物的な次元で捉えた[12]。

　ゼムパー理論への誤解に発する唯物的芸術論を厳しく批判したのは、「芸術意思」に芸術形式の展開動因を見たリーグルであった。彼は、目的や素材、技術を芸術形式の生成・展開における摩擦係数と見立てて、唯物的芸術論に対する批判を展開したのであるが、ゼムパー自身は、芸術外的な物質的諸条件が芸術形式を直接規定するとは考えない上に、こうした制約を、純

解説

粋形式に向けた精神化の過程に必須の所与と見做し、いわば芸術形式への跳躍板と捉えており、唯物的芸術論とも「芸術意思」とも異なる地点に立っていたと言える。

　ゼンパーは、『建築芸術の四要素』において、科学的な思考によって建築の起源を探究しようとするなかで、もともと成立動機を異にした前半部分と後半部分とを合わせ、ポリクロミーへの関心と建築芸術の基本モチーフとしての「囲い」の議論とを結びつけて、ゼンパー理論の中核となる被覆論を着想したのである。そういう意味で、『建築芸術の四要素』は、『技術的・結構的諸芸術における様式』に至るゼンパーの建築論の成立過程において、要の位置にある著作と言える。

3-2.「建築芸術の本質と歴史」：直観的認識と芸術の自律性の探求

　フィードラーの主著は、最初の刊行物である『造形芸術作品の評価』と、集大成とも言える『芸術活動の根源』である。今回訳出した「建築芸術の本質と歴史」は、『造形芸術作品の評価』の直後に発表されている。フィードラーの諸著作は、19世紀の美術史・建築史研究に対する批判として企図されたものである。

　「建築芸術の本質と歴史」においても、フィードラーは、建築を歴史的に研究する歴史学によっては、建築作品を芸術活動の産物として理解することはできない、つまり、建築芸術の本質は理解できないとしている。こうした歴史学批判は、すでに『造形芸術作品の評価』の第2章で、芸術外的なものによっ

て芸術作品の本質を理解することはできないという主張として、より広範かつ詳細に展開されていたものである［FS1:4-18］。ここでフィードラーが批判の対象とした、芸術に対する芸術外的な理論的立場・認識目的を、W. ヘンクマンが次のように整理している。「すなわち、（1）作品をもっぱら美的享受の対象として考察する美学、（2）芸術の思想的内容の規定、（3）芸術家たちの創造と生涯について、また作品の成立と影響について、あらゆる情報を収集する芸術的学殖、（4）作品成立の時と場所の決定に専念する記述的美術史、（5）一つの作品を芸術の発展史から導き出す説明的美術史、（6）作品をある時代精神の証言あるいは人類の発達史のある段階の証言として考察する芸術の文化史的解釈、（7）人類が人間らしくなることへの宗教的、道徳的、政治的およびその他の影響の研究、そして（8）作品をある哲学的体系の諸範疇へと包摂する芸術の哲学的・体系的解釈、がそれである。」[13] 芸術外的なものによる芸術理解に対するこのような批判は、のちの『芸術活動の根源』でも、論の後半部分に随所に現れている。特に、芸術における芸術外的な価値の非本質性についての指摘を総括するかたちで、その論が閉じられていることから見ても［FS1:219-220］、こうした批判がフィードラー不変の論点であったことが分かる。

　特に建築史研究が抱える問題について、フィードラーは、『造形芸術作品の評価』で次のように述べている。「対象を歴史的に論じながら、その本質をなす芸術的側面にはほとんど注意を払わない、そのような美術史が可能になる。絵画や彫刻の歴史

が、こうした危険に陥ることは比較的少ないものの、建築芸術を歴史的に論じる場合には、しばしばこの主張が証明される。建築作品においては、ほかの芸術作品よりも、何れの部分が芸術活動に基づいており、何れの部分が芸術的要求や能力とは異なるものに負っているのかを区別することが難しい。だから、建築史は、個々の建築作品に芸術的実質を見出したり、広い建築活動の領域のなかに人間の芸術的能力が現れている形式を歴史的に追跡するといった困難な課題を引き受けずに、しばしば安易な道を選んでしまっている。建てることと建築芸術とを区別しないから、建築における形式の歴史を提供しておきながら、それらの形式が持つ芸術的質の歴史については触れることがないのだ。」[FS1:12]「建築芸術の本質と歴史」では、こうした建築芸術史構想にともなう特有の困難さに対する認識のもとに、建築芸術に対象を絞った考察を展開したものと考えられる。

　「建築芸術の本質と歴史」は、建築芸術をテーマとするフィードラーの論考としては、唯一刊行されたものである。建築芸術を取り上げた言説としてはほかに、「建築芸術の本質と歴史」の直後に同じ誌上に発表された「芸術的関心とその促進」(1879)のなかに[14]、袋小路に入り込んでいた同時代の建築活動に対する比較的まとまった批判がある［FS1:54-58］。遺稿中の断章62, 64, 75でも建築芸術に触れている［FS2:40-41,45］。また、『造形芸術作品の評価』刊行以前に行った講演を含む建築芸術をテーマとする草稿が4編遺されている［FS1:XXVI-XXVII, XLII］。これらは何れも、「建築芸術の本質と歴史」の論旨を踏襲した

ものか、断片的なものか、個別限定的な美術史的テーマを扱ったものであるが、ここから、フィードラーの建築芸術に対する関心が『造形芸術作品の評価』刊行以前の初期からのものであり、建築芸術に対する多彩なテーマを講じ得る造詣の上に、「建築芸術の本質と歴史」が成立していることを窺い得るだろう。

　美術史研究が実証的・文化史的史料編纂へと傾くなかで、芸術外的なものによる芸術理解を否定するフィードラーが訴えたのは、芸術作品をそれ自体として理解することの必要性、さらに言えば、芸術活動の本質を人間精神の本性に遡って問うことの必要性であった。主著にしても「建築芸術の本質と歴史」にしても、何れも、そうした問いの必要性を説くことからはじまっている。『造形芸術作品の評価』では、序論となる第1章の冒頭段落のなかで、「人間の活動による作品を完全に理解するには、人間の本性に根差した能力にまで遡って作品の起源を追求するとともに、制作者の意図に応じた作品の目的を問うしかない」［FS1:2］と述べられ、『芸術活動の根源』では、短い序につづく第1章冒頭段落のなかで、「多種多様に経験される芸術の作用のなかから、芸術活動の本質に適った作用を見定めるには、まず、この本質というものを知っていなければならない。しかし、これも、芸術活動の成果から派生するあらゆる作用を脇において、人間の本性に由来する芸術活動そのものの成立を洞察し得て、初めて可能になる」［FS1:112］と述べられている。こうして、フィードラーは、芸術活動の本質に目を向けて、そこから造形芸術の自律性を根拠づけることに全力を注い

解 説

だのである。

　フィードラーは、エマニュエル・カント（Immanuel Kant, 1724-1804）による認識批判の枠組みを芸術活動の領域へと拡張し、芸術活動の本質を、美の創造ではなく、芸術的形態化による直観的認識に求めて、芸術活動の内的構造を明らかにしようと試みた。芸術的形態化による直観的認識を、概念による科学的認識と同様に精神的に所有することであると主張したのである[15]。こうした芸術活動の捉え方は、カントの『純粋理性批判（*Kritik der reinen Vernunft*）』（A1781/B1787：原佑訳、平凡社ライブラリー、上中下 2005 年）から学んだものである。それはつまり、人間に世界が与えられているのではなく、人間が知覚や表象によって世界を構築しており、この構築こそが世界を精神的に所有すること、認識することにほかならない、という人間の認識活動に対する考え方であり、フィードラーは、これを芸術理解に援用して芸術模倣説の克服を図り、近代の芸術論にコペルニクス的転回をもたらした。これが、視覚による世界の構築・認識についての理論、いわゆる純粋可視性の理論である。

　フィードラーは、「建築芸術の本質と歴史」において、芸術的建築活動の本質を捉えながら、建築芸術史を素描することを試みている。「建築芸術の本質と歴史」は、序にあたる部分と 3 つの章を持つ本論からなっている。フィードラーは、序において、建築芸術を何か外在的なものによって理解しようとする美術史研究の現状を批判し、建築芸術の起源に遡ってその成立を見とどけようとするゼムパーの試みに、こうした状況を打開

する糸口を見出す。つづく第Ⅰ章でギリシア建築を、第Ⅱ章でローマ建築やゴシック建築を、第Ⅲ章でロマネスク建築を取り上げて、それぞれの芸術的価値について検討を加える。フィードラーは、オーダーを用いた建築芸術としてはギリシア建築を、アーチとヴォールトを用いた建築芸術としてはロマネスク建築を高く評価する一方で、ローマ建築以後の古典主義建築については、芸術的創造とは無縁の借り物、ゴシック建築についても、芸術的には無価値な技術的産物と見做す。こうした評価を支えているのが、フィードラーの芸術的建築活動に対する捉え方であった。

　フィードラーは、「建築芸術の本質と歴史」第Ⅰ章第2段落において、所与のものを精神的な形象として精神的に獲得していく過程が絵画・彫刻・詩の作品に比較的認識しやすいかたちで現われている、と述べているものの、主著においても、実際に作品を取り上げて、その現われに分け入って分析するようなことはしなかった。あくまで、造形芸術の制作における精神的な獲得過程の反省にとどまったのであり、個別の造形芸術作品における精神的な獲得過程の現われを、具体的に記述する試みは、フィードラーの芸術理論を芸術解釈の領域へと敷衍して受け継いだベームをまたなければならない[16]。そんななかで、美術批評家のヴェントゥーリなどは、「建築芸術の本質と歴史」での建築芸術史素描の試みを、原則として理論的反省にとどまったフィードラーが美術史を具体的に展開しようとした貴重な記録として評価している[17]。こうした意味でも、「建築芸術

解 説

の本質と歴史」は、フィードラーの著作においてユニークな位置を占めている。

　芸術活動の本質を押さえ、そこから造形芸術の自律性を根拠づけようというフィードラーの問いかけは、ヒルデブラントを介して、リーグル、ヴェルフリン、アウグスト・シュマルゾー (August Schmarsow, 1853-1936) らの試みへとつながっていく。リーグルとヴェルフリンは、芸術外的なものによって芸術を理解することを拒否し、芸術の自律性を論証するために、その自律性を根拠づける「基礎概念」を探究した。彼らは、フィードラーの理論を純粋な「可視性」に立つものと捉えて視覚に重きを置き、視覚形式の様式という観点から造形芸術の自律性を論証しようとしたのである。しかし、こうした試みは、結局、あらゆる造形芸術を図式的な視覚形式へと還元してしまう傾向をもつ。それに対して、シュマルゾーなどは、視覚への限定を批判し、芸術をその成立の根源から捉え直そうというフィードラーの問いかけに回帰する。彼は、「眼と手の協働」を不可欠としたフィードラーの「純粋可視性」の理論を「心身一元論」に発するものと捉えて、芸術活動の基礎に身体を置き、身体の構造が、人間が世界を把握する形式であって、芸術活動を規定するものと見た。こうして、芸術内的・外的以前の、現象学にも通じるような身体内在的な「基礎概念」の探究へと進んでいったのである[18]。このように、フィードラーが繰り返した問いかけは、近代の芸術学・美術史における多様な展開の起点となった。

フィードラーが芸術的建築活動をどのように捉え、それが純粋可視性の理論へといかにつながったのか。これについては、ゼムパーとの影響関係に触れながら次に述べる。それによって、「建築芸術の本質と歴史」が、『造形芸術作品の評価』や『芸術活動の根源』といった主著とは異なり、建築芸術という特殊な対象を扱いながらも、純粋可視性の理論の確立へと向かうフィードラーの芸術論の成立過程において、看過できない契機となっていたことを確認してみたい。

4．ゼムパーからフィードラーへ

4-1. 両者における基本概念のつながり

　フィードラーは、芸術の有用性にも、歴史研究による芸術の解明にも否定的である。一見すると、機能を所与と見做し、歴史的方法によって、建築芸術の起源を探究するゼムパーとは対照的な主張も多い。にもかかわらず、フィードラーの「建築芸術の本質と歴史」は、そこに記されているように、ゼムパーの『技術的・結構的諸芸術における様式』に触発されて著されたものであり、ゼムパーとフィードラーのあいだには明快な影響関係がある。『技術的・結構的諸芸術における様式』をあいだにおけば、それを準備した『建築芸術の四要素』と、その概説とも言われる「建築芸術の本質と歴史」とを並べてみる意味も分かり易いだろう。

　フィードラーに対するゼムパーの影響は、あまり大きく取り

解説

上げられたことはない。しかし、その影響は、ゼンパーがフィードラーの建築理解の規範になっていたことにとどまるものではなく、フィードラーの芸術論における根本概念の成立の契機となるほど、深いものがある。フィードラーの芸術論成立においてゼンパーが果たした役割について触れておこう[19]。

　ゼンパーからフィードラーへの影響に関しては、フィードラー研究においては、フィードラーがゼンパーの建築論に拠りながら「建築芸術の本質と歴史」を著したという事実の紹介にとどまるのが一般的である。最新のフィードラー著作集の編集者ベームは、その序文・付記において、カントの認識批判、フンボルト (Karl Wilhelm von Humboldt, 1767-1835) の言語哲学からの影響を中心に、カッシーラー (Ernst Cassirer, 1874-1945) のシンボル哲学への影響、フッサール (Edmund Husserl, 1859-1938) の現象学との親近性など、フィードラーをめぐる様々な影響関係を指摘しているが、ゼンパーとの関係については触れていない。美術史研究・芸術学研究のなかには、両者の影響関係を比較的重視し、「建築芸術の本質と歴史」の内容に触れながら、それを指摘するものもあるが[20]、影響関係の内実が問われるには至っていない。そんななかで、フィードラーの芸術論全体におけるゼンパーの影響の内実にまで踏み込んで、両者の影響関係を論じているのが、マルグレイヴである。彼は、ゼンパーの影響の広範性の一例としてフィードラーの建築論に触れ、それがゼンパー理論への一種の解説となっていることを指摘した上で、ゼンパーからフィードラーへの影響を、フィード

ラーがゼンパーの被覆論を「形式の脱物質化」として捉え直し、哲学的な方向で引き継いだことに見ている[21]。

では、フィードラーの「建築芸術の本質と歴史」と 2 つの主著『造形芸術作品の評価』『芸術活動の根源』とを比較しながら、これらの著作における芸術活動の捉え方の展開に着目して、ゼンパーからの影響がフィードラーの芸術論成立においていかなる契機となったのかを探ることで、マルグレイヴが示した両者の影響関係を具体的に確認してみよう。結論だけを述べれば、「建築芸術の本質と歴史」において、フィードラーは、芸術的建築活動を直観的認識とした上で、その本質を、ゼンパーに導かれてはじめて、「物質的要素の自己否定による形式の純粋化」として捉え、純粋可視性の理論の中核概念を確立したのであった。

フィードラーは、「建築芸術の本質と歴史」本論の冒頭にあたる第 I 章第 1 段落・第 2 段落で、彼の芸術的建築活動の捉え方を提示している。論全体を支える重要性を持つ部分である。

フィードラーは、その第 I 章第 1 段落後半で、ゼンパーを引用しながら、「ゼンパーはギリシア文化最盛期の建築作品を古代建築最高の精華と見做す。より厳密に言えば、古代ギリシアの地で原始の形式要素が芸術的に成熟した原因を、それまで構築と建築素材とに由来する諸条件に左右されてその痕跡を抱えていた形式から、こうした依存の足枷を解こうという努力に見るのである。この努力の結果、『芸術作品は、直観において手段と素材とを忘れさせ、それによって、その姿を現し作用す

るとともに形式として自足する』ことになる。」[FS2:298] と述べる。フィードラーによれば、ゼンパーは、「芸術形式として自らを表現する精神特有の働きを熟知する者」[FS2:297] として、一見唯物的とも取れる歴史的方法の上に、「芸術としての本性と意味とを何より芸術作品のなかに見極めようとする」[FS2:297] 独自の理論を展開したのである。フィードラーは、当時見逃されていたゼンパー理論の創意を理解し、それに触発されたと言える。

つづく第2段落において、フィードラーは、前段落でのゼンパー理論の要約を受けて、それを、建築美学批判を織り交ぜながら、芸術活動を直観的認識として捉える彼の芸術論の核心へとつなげていく。その後、この段落の終わりに、芸術的建築活動について次のように述べる。「建築作品が形式の純粋な表現となってはじめて、作品として形態化するという精神的営為は全うされる。こうしてようやく、建築作品は最高の意味での人間精神の産物、所有物となり、芸術作品として人間精神最高のエッセンスに相応しいと主張できるのである。」[FS2:300] 芸術表現をともなう直観的認識によって、建築作品を精神的産物へと、すなわち、形式の純粋な表現へと高めること、これがフィードラーの考える芸術的建築活動である[22]。

さらに、こうした芸術的建築活動に対する主張を、ゼンパー理論を手掛かりにギリシア建築論を展開した後、第Ⅰ章の終わり近くでも、二度言い換えている。まず一度目の言い換えでは、「建築作品が形式の純粋な表現とな」ることを、形式が自立し

た精神的所産として現れることであると言い換え、そのことが、物質的因子が形式の表現手段と化すことによって、すなわち、物質的要素の自己否定によって実現すると説いている。次の二度目の言い換えでは、芸術的建築活動によって産出される作品の特性を述べるなかで、物質的要素の自己否定を物質的要素の精神化として捉え直している。また、それに先立って、芸術表現をともなう直観的認識の実相をギリシア建築に即して示しているが、これは同時に、物質的要素の自己否定による形式の純粋化のひとつの具体的なあり方として捉え得るだろう。

以上より、フィードラーは、「建築芸術の本質と歴史」において、芸術的建築活動を直観的認識とした上で、その本質を、ゼムパーに導かれて、「物質的要素の自己否定による形式の純粋化」として捉えていたと言える。

では、「建築芸術の本質と歴史」の前後にあたる『造形芸術作品の評価』と『芸術活動の根源』において、芸術活動はいかに捉えられているであろうか。「建築芸術の本質と歴史」での「物質的要素の自己否定による形式の純粋化」というの捉え方との同一性と差異性に着目して確認してみよう。

フィードラーは、『芸術活動の根源』で、「人間が視覚像をより高度な存在へと発展させ得るのは、もっぱらひとつの活動のおかげなのであり、その活動によって、可視的に明白な造形物が産出されるのである。そして、この活動こそ芸術活動にほかならない」［FS1:145］と述べ、芸術活動をまずは可視的に明白な造形物を産出することであるとする。そして、こうした造形

解　説

物をいかに実現するかと言えば、造形の素材に触れて、「素材は、視覚に現れる物自体の形態のような、非物質的形象を表現するという目的のためだけに利用される。そういう意味で、それはいわば自己否定を強いられている」［FS1:192］と論じていることから、素材の自己否定を通してであることが分かる。この言説につづけて、フィードラーはさらに、「物質的要素の自己否定」のあり方に触れながら、「可視的に明白な造形物」を次のように捉え直している。「自然を芸術的表象とするために、自然の側でなされなければならない変化は、素材を使った活動によってのみ達成され得る。また、素材から芸術作品を作り出すために、素材の側に起こらなければならないことは、自然を介してのみ達成され得る。自然の表現に素材を従わせるのである。そして、この両者が、芸術活動におけるしかるべき努力によって制御された、形式化の働きのもとに置かれることによってはじめて、芸術の世界が成立し得る。この芸術の世界において、事物の可視性は、純粋な形式の造形物という形態をとって実現されるのである。」［FS1:192-193］つまり、「可視的に明白な造形物」とは、「形式の純粋な造形物」にほかならない。『芸術活動の根源』でも芸術活動を、「建築芸術の本質と歴史」においてと同様に、「物質的要素の自己否定による形式の純粋化」として捉えていることは明らかである。

　フィードラーは、『造形芸術作品の評価』でも、芸術活動を直観的認識として把握し、それを、能動的構成によって精神的に獲得すること、換言すれば、可視的現象から精神に対して

存在可能な形式を創造することと捉えた上で［FS1:31-32］、この直観的認識による芸術的努力の最高の段階を、「あらゆる形式、あらゆる形態を、その完全な存在にまで造り上げること」［FS1:37］に見ている。さらに、そうした段階を、「直観があらゆる部分において明晰な精神の表象となり、完全な必然的存在となる」［FS1:38］状態として捉え、つづけて次のように述べる。「これこそ、芸術家が創造的認識を推し進め得る最高の段階である。完全な明晰性と必然性とは一致する。」［FS1:38］これらの言説から、『造形芸術作品の評価』では、芸術活動を、形式を完全な明晰性と必然性を備えた存在とすることとして捉えていることが分かる。明晰性・必然性・完全性といった鍵語は、「建築芸術の本質と歴史」『芸術活動の根源』にも頻出するものの、そこでは「形式の純粋化」として捉え直された概念であろう。

『造形芸術作品の評価』では、上述のように、芸術活動を「形式の純粋化」として捉える趣旨の言説が繰り返されている。次に、これと表裏をなすと見做し得る「物質的要素の自己否定」につながる言説を確認してみたい。

フィードラーは、『造形芸術作品の評価』において、技術について次のように述べている。「芸術的精神が自らの内にあるものを最高の存在にまで高めようと欲するのであれば、芸術作品を制作するための技術的な巧みさも必要になる。技術は芸術活動において自立した権利を持っていない。それはただ精神的過程に仕えるだけである。精神が支配権を行使できない場合にのみ、技術は、自立した意味や重要性を得て発達するが、芸術

解　説

的には無価値となる。芸術家における精神的営みは、芸術作品において可視的現象となるところの素材以外のものとは、はじめから無関係である。芸術作品とは形態化という活動の外的結果であり、芸術作品の内容とは形態化すること自体にほかならない。」[FS1:36-37]フィードラーは、ここで、いわば技術の自己否定について説いており、「物質的要素の自己否定」を論じた「建築芸術の本質と歴史」の言説に接近している。しかし、「建築芸術の本質と歴史」以後、物質的要素の主対象とも言える素材の手段化、自己否定が強調されるのに対して、技術の自己否定に主題が限定されており、「物質的要素の自己否定」が全体として主題化されているとは言い難い。

　しかし、『造形芸術作品の評価』での次の言説は、「物質的要素の自己否定」に直接言及するものではないが、それを示唆するであろう。「芸術家は、多くの発展段階において現象を彼にとって意味深いものとしてきたあらゆるものを、その途上で振り捨てる。現象自体が芸術家の認識力に服すればするほど、現象の属性は彼に対する影響力を失うのである。」[FS1:37]これが、直観的認識によって形式を完全な存在にまで高めることを説いた直後のものであることを考慮すれば、「その途上」とは、「あらゆる形式、あらゆる形態を、その完全な存在にまで造り上げる」途上を意味する。ならば、これは、直観的認識の過程において、形式の明晰性と必然性とが追求されることを、裏面から、「物質的要素の自己否定」を示唆するかたちで述べものと捉え得る。

結局、『造形芸術作品の評価』では、芸術活動を「形式の純粋化」を意味する概念によって捉えていたものの、「物質的要素の自己否定」については、主題を限定するかたちで論じられ、全体としては「形式の純粋化」の裏面として示唆されるにとどまっている。何れにしても、「建築芸術の本質と歴史」や『芸術活動の根源』でのように、「物質的要素の自己否定」のあり方にまで踏み込んで、それを主題化するには至っていないと言える。フィードラーが、『造形芸術作品の評価』において、「世界の芸術的理解の本質がどこにあるのか、ここではまだ示すことができない」[FS1:17] と述べていることも、ここでの芸術活動に対する理解が発展途上にあるという彼の認識の表れとして解釈できるだろう。

　それでも、「建築芸術の本質と歴史」には、「我々は、視ること自体によって視られたものを了解しようと試みることによって、はじめて、我々の可視的世界像がいかなる状態にあるのかを洞察し得るのである」[FS1:154] といった、『芸術活動の根源』に見られる純粋可視性への徹底は認められない。何より、そこには、のちに主題のひとつとなる、純粋可視性の表現に不可欠な、「眼と手の協働」に対する考察がない [FS1:157-168]。フィードラーは、「建築芸術の本質と歴史」ではいまだ、可視的現象を可視的造形物へともたらすなかで達成される純粋可視性を、それ自体として理論的に展開・深化するには至っていない。

　以上、フィードラーが純粋可視性の理論を大きく展開したのは、晩年の主著『芸術活動の根源』においてであったが、彼

解説

は、その理論の中核となる「物質的要素の自己否定による形式の純粋化」という概念を、ゼムパーに導かれながら、「建築芸術の本質と歴史」で初めて全体として主題化したことを確認した。フィードラーは、「建築芸術の本質と歴史」において、それまで「形式の純粋化」の裏面として示唆されるに過ぎなかった「物質的要素の自己否定」をその内実から捉え、この両面をあわせて純粋可視性の理論の中核概念として確立したのである。芸術的建築活動の本質を建築芸術史を踏まえながら追究するなかで、ゼムパーの建築論に拠りながら、建築という物質的制約の大きい芸術を対象に、直観的認識としての芸術活動のあり方を具体的に考察したことが、かえって、「物質的要素の自己否定」を概念化する機会となり、フィードラーに純粋可視性の理論への展開を促したと言える。

フィードラーの芸術論成立における「建築芸術の本質と歴史」の重要性はここにあり、そこでゼムパーが果たしている役割は小さいものではないだろう。また、フィードラーによるこうしたゼムパー理論の受容のあり方は、その理論の唯物的側面を取り上げて批判したリーグルや、こうした側面に近代性を認めて展開したヴァーグナーらとは対照的なものであったと言えよう。

ゼムパーとフィードラーのあいだには、特に、各建築様式に対する評価において、「建築芸術の本質と歴史」を『技術的・結構的諸芸術における様式』の概説と捉えることに躊躇いを感じさせるような看過できない差異もある[23]。これは、ゼムパーが被覆の原則によってより実践的に、フィードラーが芸術の自

241

律性に照らしてより理論的に、各建築様式を評価していることに起因し、そこには建築家としてのゼムパーと理論家としてのフィードラーの根本的な姿勢の違いが反映していると考えられるのだが、ここでは、こうした違いをこえて、両者のあいだに重要な概念の継承・展開があることに注目しておきたい。

4-2. 両者のつながりが映すもの

　ゼムパーの著作における『建築芸術の四要素』の位置、フィードラーの著作における「建築芸術の本質と歴史」の位置、そして、ゼムパーの『技術的・結構的諸芸術における様式』とフィードラーの諸著作のあいだのつながりを確認してきた。最後に、『技術的・結構的諸芸術における様式』を介した『建築芸術の四要素』と「建築芸術の本質と歴史」とのつながりを、前後の美術史・建築史の流れのなかに位置づけておきたい。

　ゼムパーとフィードラーの思考の確立とそのつながりのなかには、ヴィンケルマンによる考古学的な起源への問いとロジエ神父による原理主義的な起源への問いとが、つまり、理性による対象の起源への問いが、主体の芸術活動への問いに接続して、芸術の自律性の探究、各芸術領域の自立へと結びついていくという、美術史・建築史の大きな流れが映し出されていた。もう一度整理しておこう。

　カンシーは、科学的考古学による起源への問いを、ヴィンケルマン的古典観に見直しを迫るポリクロミーの問題として、理性による原理主義的な起源への問いを、ロジエ神父を継承し

解　説

て自然が建築に呈示する範型の問題として、それぞれ提起していた。ゼンパーは、『建築芸術の四要素』において、こうした問題提起を架橋するように、被覆の問題に注目して、ポリクロミーと建築の四要素のひとつである「囲い」のモチーフとを合わせて論じた。さらに、ゼンパーは、『科学・産業・芸術』において、建築の四要素という対象のモチーフから、それを扱う主体により近い工芸へと、自らの考察の枠組みを移しながら、『技術的・結構的諸芸術における様式』において、被覆論を、素材交代に際する形式保存の論理から、形式純粋化の論理へと深化させていった。そして、芸術活動の本質を問うフィードラーが、この形式純粋化の論理に触発されて、形式の純粋化と表裏をなす物質的要素の自己否定を、「建築芸術の本質と歴史」を問う自らの考察に組み入れながら、『芸術活動の根源』において、「眼と手の協働」によって形式を「視る」という主体の芸術活動の問題へと展開し、純粋可視性の理論を提示する。フィードラーによるこうした試みは、リーグルやヴェルフリン、シュマルゾーらによる芸術の自律性を根拠づける「基礎概念」の探究を導き、近代美術史学の多様な展開へとつながっていくとともに、近代造形芸術の実践にも理論的根拠を与え、近代抽象絵画へと向かう芸術的反省を促した。

　ここには、古代ギリシアを古典として、その模倣として造形芸術を捉えるヴィンケルマン、そして、自然から導かれた小屋を起源において、その模倣として建築芸術を捉えるロージエ神父、模倣を根底においた彼らの芸術観が、芸術活動の本質を模

倣による美の創造ではなく、芸術的形態化による直観的認識として捉えるフィードラーの芸術観へと、隔たりをこえてつながっていく、ひとつの過程を見ることができる。また、この過程には、ヴィンケルマン、そして、カントの『判断力批判（*Kritik der Urteilskraft*）』（1790：原佑訳、カント全集第8巻、理想社、1975年）を起点とする、形に優位性をおいて美を定義する近代美学が、ヴィンケルマン自身に発する科学的考古学が導いた、ポリクロミー論争という形の論理を否定するような契機をくぐって、再び、カントの『純粋理性批判』の影響のもとに、純粋可視性の理論へと仕上げられ、視覚形式の様式を問う近代美術史学へと展開するというように、順流と逆流の契機がともに孕まれている。

　建築史においても、ゼンパーとフィードラーとのつながりは、一筋縄ではいかない近代化の過程を映し出す。ゼンパー理論を唯物的に理解して、その理論とした近代建築でも、実践においては、様式に基づく建築表現を克服して、純粋に視覚的な構成に基づく建築表現を追求することが課題のひとつであった。この課題は、17世紀末にクロード・ペロー（Claude Perrault, 1613–1688）が、オーダーの比例を絶対視することに疑問を呈して、それを慣習による美としたことに端を発するものであるが、20世紀初頭には、フィードラーの純粋可視性の理論の影響下に進んだ造形芸術表現の近代化と連動して、建築表現を近代化する試みの重要な局面をなした。近代建築の実践において、こうした潮流を決定的に推し進めた建築家のひとりが、理論において、

解説

フィードラーとは対照的にゼムパー理論の唯物的側面を受容して近代の機能主義建築論を確立したヴァーグナーであった。このことを考えれば、ゼムパーとフィードラーとのつながりが、近代建築の成立にも、他の諸契機と錯綜しながら、複雑に関係していることが分かる。

　ゼムパーの『建築芸術の四要素』とフィードラーの「建築芸術の本質と歴史」とを並べることで、両者のあいだの影響関係にとどまらない、こうした造形芸術近代化の諸断面が浮かび上がるだろう。

註

1 Wolfgang Herrmann, *Gottfried Semper: Theoretischer Nachlass an der ETH Zürich: Katalog und Kommentare*, Birkhäuser, Basel, 1981. Fröhlich, Martin, *Gottfried Semper: Zeichnerischer Nachlass an der ETH Zürich: Kritischer Katalog*, Birkhäuser, Basel, 1974.

2 Wolfgang Herrmann, *Gottfried Semper: in Search of Architecture*, The MIT Press, Cambridge, 1984. Harry Francis Mallgrave, *Gottfried Semper: Architect of the Nineteenth Century,* Yale University Press, New Haven & London, 1996. ほかにゼムパーの言説を丁寧にたどりながらその建築論の形成過程を解き明かしたものとして、川向正人の一連の論文がある。「G. ゼムパーの「被覆論」の形成過程について：ドイツ・オーストリアを中心とする 19 世紀歴史主義の研究（その 2）」日本建築学会計画系論文集第 379 号、1987 年 9 月、138-147 頁。「ゴットフリート・ゼムパーのポリクロミー観に関する研究」同第 530 号、2000 年 4 月、235-242 頁。「ゴットフリート・ゼムパーの始原への探究に関する研究」同第 537 号、2000 年 11 月、275-282 頁。「ゴットフリート・ゼムパーの『建築の四要素』に関する研究」同第 538 号、2000 年 12 月、235-242 頁。「ゴットフリート・ゼムパーの『科学・産業・芸術』に関する研究」同第 583 号、2004 年 9 月、165-172 頁。

3 Gottfried Semper, *The Four Elements of Architecture and Other Writings*, tr.by Harry Francis Mallgrave & Wolfgang Herrmann, Cambridge University Press, Cambridge, 1989. Gottfried Semper, *Style in the Technical and Tectonic Arts; or, Practical Aesthetics*, tr.by Harry Francis Mallgrave & Michael Robinson, The Getty Research Institute, Los Angeles, 2004.

4 フィードレル『芸術論』金田廉訳、青磁社、1947 年。C. フィー

ドラー『フィードラー芸術論』清水清訳、玉川大学出版部、1965年。コンラート・フィードラー「ハンス・フォン・マレー」髙阪一治訳、地域学論集第2巻第1号、2005年6月、79-117頁。

5 Conrad Fiedler, "Observations on the Nature and History of Architecture" in *Empathy, Form, and Space: Problems in German Aesthetics 1873-1893*, tr.by Harry Francis Mallgrave & Eleftherios Ikonomou, The Getty Center for the History of Art and the Humanities, Santa Monica, 1994, pp.125-146.

6 『建築芸術の四要素』成立をめぐる背景の詳細については、Mallgrave, *op.cit*., pp.149-164, 177-183 参照。

7 ポリクロミー論争がいったん落ち着いているあいだも、『建築芸術の四要素』でも言及されているように、イギリスでは、エルギン大理石に残る彩色痕を検討する調査委員会が開催されているし、1840年代には、ゼンパーと調査旅行を一部ともにしたジョーンズのアルハンブラのポリクロミーを取り上げた著作 *Plans, Elevations, Sections and Details of Alhambra*, 2 vols., London, 1842-1845 が出版されるなど、ポリクロミーへの関心は古代建築のそれをこえて拡大している。また、このイットルフの大著がパリで出版された1851年には、RIBAにおいてギリシア建築のポリクロミーが討議され、イットルフの見解が紹介されるとともに、ゼンパーとジョーンズの全面彩色説を採るパルテノン神殿復元案が比較展示されている。William Laxton, *The Civil Engineer and Architect's Journal,* vol.15, London, 1852, pp.5-7, 42-50 参照。

8 『建築芸術の四要素』を英国向けに翻訳した、Gottfried Semper, "On the Study of Polychromy and its Revival" in *The Museum of Classical Antiquities: A Quarterly Journal of Architecture and the*

Sister Branches of Classic Art, vol.1, London, 1851, pp.228-246 は、そのタイトルのとおり、前半部分だけを少し縮めて訳出したものとなっている。後半部分は、その後も訳出されなかった。

9　ゼムパーは被覆論の重要性を次のように述べている。「古代ギリシア芸術が受け継いだ形式的要素のなかで、被覆の原則、外殻の原則ほど根本的に重要なものはない。それは、古代ギリシア以前のあらゆる芸術を制御しており、ギリシア様式においても、決してその重要性を低下させたり減少させたりすることなく、高度に精神化され、構造技術的（struktiv-technish）な意味においてより、構造象徴的（struktiv-symbolisch）な意味において、もっぱら美と形式のために生き続けている。」［SS1:220］こうした観点に立って、ゼムパーは『技術的・結構的諸芸術における様式』において、ギリシアに先行するアッシリアとエジプトにおける被覆のあり方を論じた後［SS1:337-392, 405-426］、ギリシアにおける被覆のあり方を論じている［SS1:438-479］。彼はこれらを、その建築体における表層とコアとの関係に応じて、3つにモデル化して捉える。すなわち、表層が外殻化・構造化し、コアが中空化したアッシリア（アジア）モデル［SS1:443］、表層が装飾化し、コアが構造化したエジプトモデル［SS1:443］、表層が構造象徴化し、コアが構造化したギリシアモデルである。ギリシアモデルを特徴づけている構造象徴という概念が被覆論における重要概念であり、ここで問題とする被覆の象徴作用もこの構造象徴の働きにほかならない。

10　『建築芸術の四要素』でもすでに、『技術的・結構的諸芸術における様式』で展開した被覆論を先取りするように、ポリクロミーによる建築量塊の脱物質化を言っていると解釈できる

言説がある。第Ⅲ章中程（本書42頁）、ギリシア全盛期の大理石神殿のガラス状被覆や網目状塗金などの効果を具体的に描写して、「建物の量塊は、南の地方で真昼に空の低い部分が輝くときの、その色調に溶け込んでいく」とするところが、それである。

11 「この（「芸術を支配するものは必要のみ」という）真理にわれわれの注意を向けさせたのは他ならぬゴットフリート・ゼンパーであり（残念ながら彼は後にわき道に逸れたが）、このことだけで、彼は、すでにかなり明らかにわれわれに進むべき道を示していた。」「しかし、彼はダーウィンのように自分の理論を徹底的に一貫させる勇気をもたず、構造そのものを建築芸術の原細胞と見ないで、それを象徴的に扱うことで済ませていた。」オットー・ヴァーグナー『近代建築』樋口清・佐久間博訳、中央公論美術出版、1985年、54頁、56頁。ただし、最初の丸括弧内は解説者による補足。

12 「被覆の目的で使用される材料が、まだイミテーションをされない時代には、そんな（被覆の）法則は必要がなかった。だが私には、今日それが最も必要とされる時だと思うのである。／すなわち被覆の法則とは、被覆された材料が、当の被覆と間違えられないようにしなければならない、ということである。」アドルフ・ロース「被覆の原則について」『装飾と犯罪－建築・文化論集－』伊藤哲夫訳、中央公論美術出版、2005年、37頁。ただし、最初の丸括弧内は解説者による補足。

13 W・ヘンクマン「美術史のいくつかの根本問題について」山下純照訳、『芸術学の軌跡〈芸術学フォーラム1〉』神林恒道他編、勁草書房、1992年、176頁。

14 "Über Kunstinteressen und deren Förderung" in *Deutsche*

Rundschau, XXI, 1879, S.49-70.

15 「建築芸術の本質と歴史」第Ⅰ章第2段落（本書151頁）にも、こうした主張を認めることができる。芸術的認識と科学的認識との共通性、さらには差異性についても、すでに『造形芸術作品の評価』において触れられていた［FS1:27,30-32］。また、のちの『芸術活動の根源』においても論じられている［FS1:168-170,178-180］。

16 ベームは、絵画作品の制作における精神的な獲得過程の追体験を、セザンヌの絵画作品を視ることのなかに見出して、次のように記述している。「私たちが知覚する運動は別の性質ももっている。それは画像の生成の際に生じ、そこでは個々の斑点がひとつのコンテクスト〔色の関係〕へと移行し、諸要素の対象化される以前の状態が細かく区別されて風景の諸性質となり、事物の様相となり、空間経験となり、生成する自然の舞台となる。時間と運動は空間の中で生じるのではない……そうではなく時間と運動の方が、その空間と時間とを同時に生じさせ、これらは後から存在することになるのである。この山は仕上がった画像として示されるのでも、現実的なものを覆う視覚的な「幻影の層」として示されるのでもない。それは、私たちの目の前で、私たちの見るという経験の中で成立する。」ゴットフリート・ベーム『ポール・ゼザンヌ《サント・ヴィクトワール山》』岩城見一・實渕洋次訳、三元社、2007年、135頁。

17 リオネロ・ヴェントゥーリ『美術批評史』辻茂訳、みすず書房、第二版1971年、274頁。

18 「建築芸術の本質と歴史」において、フィードラーとシュマルゾー、そして現象学とのつながりが窺えるのは、第Ⅰ章第3

段落での、形式と素材、精神的なものと物質的なものとの不即不離の関係に対する指摘であろう。この指摘はやがて、精神活動とその対象との関係、さらには精神と身体との関係へも拡張されるからである。フィードラーは『芸術活動の根源』において、素朴な実在論も観念論も否定して、「人は精神活動と精神活動の対象とを別々のものとして対置できるとするが、いわゆる対象を持たない精神活動とか、精神活動をともなわない対象など、まったく不可解な言葉なのである」[FS1:131] と述べている。彼は、精神活動とその対象を、現象学で言うところのノエシス・ノエマ的な関係として見るのである。さらに、「我々の感性的な現実所有の一切は、知覚と表象に現れるものに限定されている。それは、一様な持続状態を示すものではなく、訪れては去り、現れては消え、生じては滅するものだ」[FS1:142] として、「意識の流れ」における可視的な現象と、それを捉える「視る働き」の考察へと向かう。こうして、視覚の純粋化は、実在の定立を括弧に入れ、非視覚的なものを断ち切るという一種のエポケーを通して遂行されると言われるのである。また、フィードラーが『芸術活動の根源』で主張する、「それ（身体の営みと精神の営み）は常に同一の事象なのである。人間の本性において身体的でないような精神の営みはあり得ないから、身体的なのであり、我々にとって精神的な形式をとらないような身体の営みはあり得ないから、精神的なのである」[FS1:136] といった心身一元論は、シュマルゾーが継承し、労作『芸術学の基礎概念 (*Grundbegriffe der Kunstwissenschaft*)』(1905：井面信行訳、中央公論美術出版、2003年) の根幹に据えて展開したものであるが、メルロー＝ポンティ (Maurice Merleau-Ponty, 1908-1961) の現象学的身体

論を予告したものと捉えることも可能だろう。ただし、引用中の丸括弧内は解説者による補足。

19　拙稿「フィードラーの芸術論成立におけるゼンパーの被覆論の影響について」日本建築学会計画系論文集第683号、2013年1月、273-280頁で、すでに論じたことがある。

20　ヴェントゥーリ、前掲書、274-275頁。吉岡健二郎『近代芸術学の成立と課題』創文社、1975年、34-37頁。

21　Harry Francis Mallgrave & Eleftherios Ikonomou trans., *Empathy, Form, and Space: Problems in German Aesthetics 1873-1893*, The Getty Center for the History of Art and the Humanities, Santa Monica, 1994, pp.31-35. Mallgrave, *op. cit.*, pp.289, 368. Gottfried Semper, *Style in the Technical and Tectonic Arts; or, Practical Aesthetics*, tr. by Harry Francis Mallgrave &Michael Robinson, The Getty Research Institute, Los Angeles, 2004, pp.49, 54. マルグレイヴは、ほかにゼンパーからフィードラーへの影響として、ゼンパーがローマ建築に認めた空間芸術の可能性を、フィードラーが、ロマネスク建築のヴォールトを架けて空間を隔離するという理念に見出して、具体的に展開したことに見ている。

22　フィードラーは、物質的諸条件を、芸術形式を生み出す精神化の過程に必須の所与と見做している。フィードラーが、造形芸術の自律性を「芸術意思」に求めたリーグルよりも、むしろゼンパーに近い立場にいることが分かる。

23　ゼンパーとフィードラーのあいだの各建築様式に対する評価の差異については、「建築芸術の本質と歴史」の訳註20, 21, 26, 32, 33, 39で触れておいた。詳しくは拙稿「ゼンパーとフィードラーによる建築様式評価の差異について」日本建築学会計画系論文集第719号、2016年1月、215-224頁参照。

あとがき

　ゼムパーとフィードラーによるこのふたつの小論は、それぞれ両者の主著とあわせて見ることで、各々の一連の著作群における意義を初めて正確に捉え得るものであろう。それでも、こうして両論考を並べて一冊に編むことで、それらの歴史的意義の一側面に光を当てることができたとすれば、編訳者としてたいへんうれしく思う。

　訳者は、ゼムパーの建築作品を分析しながらも、その理論の解明には本格的に取り組めずにいた。そんな美学・美術史にはまったくの門外漢が、ゼムパーの論考のみならず、フィードラーの論考の翻訳まで、後先考えずに引き受けてしまったことにより、翻訳作業は長期戦となった。数度の中断を挟むこの翻訳期間中、直接に間接に、少なからぬ先生方のお知恵を借りた。まだまだ多くの見当違いが残っているのではないかと恐れるが、いったんここで打ち切って、読者諸氏のご批判を仰ぎたいと思う。

　訳稿の完成を忍耐強く待っていただいた中央公論美術出版の小菅勉氏には感謝の言葉もありません。また、この企画の翻訳者として出版社に紹介いただいた九州大学名誉教授 福田晴虔先生には、拙い試訳の段階から幾度となく貴重な助言をいただきました。脱稿に至ることができたのは、先生の折に触れての励ましのおかげです。ありがとうございました。

2016年2月

河田 智成

索　引

　この索引には「建築芸術の四要素」および「建築芸術の本質と歴史」の本文・原註の原文中にある固有名詞（人名・地名・作品名・組織名など）を中心に収録した。

ア行

アイギナ　Aegina　111
アガメムノン　Agamemnon　105, 106
アグリッパ　Agrippa　63
アクロポリス　Akropolis　9, 16, 44, 46, 92
アジア　Asien / asiatisch　73, 89, 90, 93, 115, 156
アッシリア　Assyrien / assyrisch　15, 40, 52, 57-59, 61, 62, 66, 72, 78, 79, 83-88, 93, 95, 99, 113, 114, 117
アッティカ　Attika / attisch　20, 45, 50, 94, 95, 102, 105
アテーナー　Athene　94
アテネ　Athen / athenisch　9, 10, 15, 31, 35, 40, 44, 45, 92, 101, 107, 115
アヌンツィアータ教会堂　Kirche dell' Annunziata　103
アポロン　Apollo　89, 110
アメリカ　Amerika / amerikanisch　63, 69
アリスティデス　Aristides　108
アルハンブラ　Alhambra　14, 101
アレクサンドロス　Alexandros III　84, 170
アンテミオス　Anthemios　119
アンティキュラ　Anticyra　25, 32, 67, 116
イオニア　Ionismus / ionisch　32, 47, 83, 87, 89, 94, 95, 106, 158
イギリス　England / englisch　8, 13, 14, 19, 34, 69
イシドロス　Isidoros　119
イスタフル　Istakhr　61
イタリア　Italien / italienisch　8, 10, 11, 19, 103, 118
イットルフ、ジャック・イニャス　Jacques-Ignace Hittorff　8, 16, 107
インド　Indien　63, 111
ウィトルウィウス　Vitruvius　37, 51, 112, 117
ウェスマコット、リチャード　Richard Westmacott　107
ウェッレース、ガイウス・コルネリウス　Gaius Cornelius Verres　65
エジプト　Ägypten / ägyptisch　15, 39, 40, 52, 57, 59, 61, 62, 66, 72, 73, 75-78, 84-86, 89, 93-96, 99, 101, 112-115, 117, 118, 156

索引

エトルリア　Etrurien / etrurisch　8, 9, 37, 105, 106
エルギン大理石　Elgin Marbles　44, 118
エレウシス(産)　eleusinisch　43, 44, 67
エレクテイオン　Erechtheum　40, 43-45, 47
エレクトラ　Elektra　105
エンジェル、サミュエル　Samuel Angell　108
オランダ　Holland　69
オリュムポス　Olymp / olympisch　7, 94, 115
オルクス　Orcus　13
オレステス　Orestes　105

カ行

風の塔　Tempel der Winde　40
カディス　Cadiz　86
カトルメール・ド・カンシー、アントワーヌ・クリゾストム　Antoine-Chrysostome Quatremère de Quincy　7, 16
カーバ神殿　Kaaba　114
カルタゴ　Carthago　86
カルデア　Chaldäa / chaldäisch　85, 114
カルナック　Karnak　61, 67, 76
キケロ、マルクス・トゥッリウス　Marcus Tullius Cicero　65
キュジコス　Kyzikos　110
ギリシア　Grieche / griechisch　7-9, 11-14, 16, 17, 20, 22, 23, 25, 29-32, 48, 49, 52, 57, 59, 64-66, 68, 72, 86-91, 93, 96, 99, 101-103, 107, 109, 111-113, 115, 116, 144, 149-152, 155-161, 163-165, 167-171, 174, 183
ギリシア　Hellene / hellenisch　8, 13, 18, 51, 52, 88, 89, 92, 93, 100, 149, 169
ギリシア正教会　griechische Christen / griechisch-katholisch　102, 119
クーグラー、フランツ・テオドール　Franz Theodor Kugler　17-21, 23-27, 31-33, 36, 42-44, 47, 50, 67, 103-105, 109-111, 116
クラウゼ、フリードリッヒ　Friedrich Krause　6
クラウディウス　Claudius　104
グーリー、ジュール　Jules Goury　9, 35, 36, 101, 102
クレテス　Kuretes　88
フェルディナント・フォン・クワスト、アレクサンダー　Alexander Ferdinand von Quast　36
ゴシック　Gotik / gotisch　11, 14, 99, 115, 117, 144, 170-173, 183
コスト、パスカル　Pascal Coste　15
古代彫刻美術館　Glyptothek　111
コリュバンテス　Korybantes　88
コルサバード　Chorsabad　66, 79, 83, 113

255

コルネト　Corneto　37
コンスタンティノープル
　Konstantinopel　102, 119
コンスタンティヌス大帝
　Konstantin der Große　119

サ行

サモス(人)　Samier　27, 28, 30, 106
サント・シャペル　Sainte-Chapelle　11
サン・ピエトロ大聖堂　St. Peters Dom　120, 182
ジェノヴァ　Genua　103
シチリア　Sizilien / sizilisch　9, 37, 95
シフノス　Sifnos　27, 28, 30, 31, 100
シャウベルト、エドアルド
　Eduard Schaubert　36
シャルロッテンブルク宮殿
　Charlottenburg　111
シュラクサイ　Syrakus　65
小アジア　Kleinasien　15, 23, 52, 88
ジョーンズ、オーウェン　Owen Jones　14, 101
シリア　Syrien　101
スチュアート、ジェームズ
　James Stuart　34
ストア　Stoa　90, 92
ストラボン　Strabo　66
スパルタ　Lakedämon　27
スラヴ　slawisch　113, 114
西欧　abendländisch　99

セネカ、ルキウス・アンナエウス
　Lucius Annaeus Seneca　26, 105
セム(系)　semitisch　78, 85
ゼムパー、ゴットフリート
　Gottfried Semper　147-151, 155, 157, 168
セリヌス　selinuntisch　8
ソロモン　Salomon / salomonisch　64, 85-87
ソロモン神殿　Tempel Salomonis　85, 114

タ行

大英博物館　Britisches Museum　44, 66, 80, 105
タタール　Tatar / tatarisch　55, 72
中国　China / chinesisch　55, 62, 63, 71, 72, 83, 112
ツロ　Tyrus　86
ディオスコリデス、ペダニウス
　Pedanios Dioskurides　109
ディオドロス　Diodorus　66, 81
ティレニア(人)　Tyrrhener　88
デーヴィ、ハンフリー　Humphry Davy　50
テクシエ、シャルル・フェリックス・マリー　Charles-Félix-Marie Texier　15
テセウス神殿　Theseustempel　33, 35-38, 45, 47, 107, 108
デルフィ　Delphi / delphisch　21, 27, 28

索引

ドイツ　Deutschland / deutsch　8, 10, 11, 69, 112-114
東方　morgenländisch　99
東洋　orientalisch　57, 77, 95, 96
トスカネッラ　Toscanella　103
ドッドウェル、エドワード　Edward Dodwell　42
ドナルドソン、トーマス・レヴァートン　Thomas Leverton Donaldson　34, 35, 47, 108
トラレス　Tralles　119
ドリス　Dorismus / dorisch　89, 94, 95, 102, 106, 111, 158
トルコ（人）　Türke　114

ナ行

ナイル　Nil　73
ニオベ　Niobe　89
ニカノル　Nikanor　109
ニネヴェ　Ninive　58, 67, 84, 113
ニヌス　Ninus　82
ニムルド　Nimrud　59, 66, 79, 113
ネーデルランド派　Niederländische Schule　19
ネロ　Nero　104

ハ行

パウサニアス　Pausanias　20, 21, 23-25, 67
ハギア・ソフィア　H. Sophienkirche　102,
バクトリア　Baktrien　66
パサルガダエ　Pasargadä　66
バシリカ　Basilika　99, 103, 116, 117, 119, 178
バジリカータ　Basilicata　105
バッカス　Bacchus　89
ハミルトン、ウィリアム・ローワン　William Rowan Hamilton　107
パラス　Pallas　94
パラッツォ・メディチ　Palast Medici　103
パリ　Paris　113
バール　Baal　99
パルテノン　Parthenon　35, 37, 38, 42, 45, 66, 67, 92, 107
バルバロイ　Barbar / barbarisch　12, 92
パロス　Paros / parisch　28, 30, 31, 48, 49, 52, 109
パンテオン　Pantheon　117
バンベルク大聖堂　Bamberger Dom　11
ビザンチン　byzantinisch　68, 117
ピュティア　Pythia　17, 27, 30, 31, 100
ピラミッド　Pyramide　61, 76, 79, 81, 83, 85
ファーガソン、ジェイムズ　James Fergusson　116
ファラデー、マイケル　Michael Faraday　46, 108
フィディアス　Phidias　49, 110
フィレンツェ　Florenz　103, 181

257

フェニキア　Phönizien　64, 72, 85-87, 94
フォッサティ、ガスパーレ・トラヤーノ　Gaspare Trajano Fossati　102
ブオナローティ、ミケランジェロ　Michelangelo Buonarroti　182
プラクシテレス　Praxiteles　108
ブラマンテ、ドナート　Donato Bramante　103
フランス　Frankreich / französisch　8, 11, 43, 114
フランダン、ウジェーヌ　Eugène Flandin　15
プリニウス　Plinius　25, 48, 49, 65, 104, 105, 108-110, 117
プルタルコス　Plutarch　104
ブルネレスキ、フィリッポ　Filippo Brunelleschi　181
ブレースブリッジ、チャールズ・ホルト　Charles Holte Bracebridge　44, 45
プロピュライア　Propyläen　90, 93, 108
プロメテウス　Prometheus　11
ヘカトンペドン　Hekatompedon　46
ヘシオドス　Hesiodos　51
ペトロニウス、ガイウス　Gaius Petronius　117
ヘラクレスの柱　Säulen des Herkules　85
ペラスゴイ（人）　Pelasger / pelasgisch　65, 88
ベルギー　Belgien　69
ペルシア　Persien / persisch　15, 57, 61, 79, 83, 87
ペルセポリス　Persepolis　66, 83, 84, 87
ヘルモゲネス　Hermogenes　51
ヘルマン、ゴットフリート・ヤーコプ　Gottfried Jakob Hermann　101, 112
ベルリン　Berlin　36
ヘレニズム　Hellenismus　94
ヘレネー　Helena　12
ベロス　Belus　85, 86, 99
ヘロドトス　Herodotus　21, 27, 30, 66, 79, 81, 82, 112
ペンテリコン（産）　pentelisch　31, 46, 67
ペンローズ、フランシス　Francis Crammer Penrose　16
ホープ、トーマス　Thomas Hope　112
ホメロス　Homeros　51, 117
ポリュグノトス　Polygnotos　109
ポリュクラテス　Polykrates　27
ホルシュタイン　Holstein　113
ポンペイ　Pompeji　92, 95

マ行

マケドニア　Makedonien　89
ミネルヴァ　Minerva　43, 49, 65, 92
ミューラー、カール・オトフリート　Carl Otfried Müller　43
ミュンヘン　München　111

索引

ミレトス　Milet　119
ムナシラオス　Mnasilaos　109
ムルガブ　Murghab　61
メクレンブルク　Mecklenburg　113
メソポタミア　Mesopotamien　77, 85
メデイア　Medea　99
メディア　Medien　66
メリケルタ　Melicerta　81
モスル　Mossul　115
モーセの幕屋　Stiftshütte Mosis　64, 86
モリヤ山　Berg Moria　64, 86

ヤ行

ヤキンとボアズ　Säulen Jachin und Boas　86
ユダヤ　Jude / jüdisch　64, 85, 87
ユピテル　Jupiter　7, 94, 110, 115
ユーフラテス　Euphrat　84
ヨセフス、フラウィウス　Flavius Josephus　87
ヨーロッパ　Europa / europäisch　15, 163

ラ行

ラムヌス　Rhamnus　25
ランゲ、フリードリッヒ　Friedrich Lange　27
リュシクラテスの合唱隊記念碑　Choragisches Monument des Lysikrates　41
ルーヴル　Louvre　80
ルネサンス　Renaissance　7, 98, 166, 167, 181
レビ(人)　Levit　86
レヤード、オースティン・ヘンリー　Austen Henry Layard　59
ロマネスク　romanisch　11, 14, 103, 170, 174-183
ローマ　Rom / römisch　8, 9, 22, 25, 26, 37, 60, 67, 92, 95, 96, 105, 115, 119, 165, 167, 168, 181
ロンドン　London　44, 108

ワ行

ワーズワース、クリストファー　Christopher Wordsworth　45

編訳者略歴

河田 智成（かわた ともなり）

広島工業大学環境学部教授・博士（工学）。1967年、山口県生まれ。1990年、九州大学工学部建築学科卒業。1999年、九州大学大学院人間環境学研究科博士後期課程修了。名古屋造形芸術大学専任講師、広島工業大学准教授などを経て、2014年10月より現職。専攻は近代建築史・建築論。主要論文に「ゴットフリート・ゼムパーからアドルフ・ロースへ―近代初期における建築的統辞法の展開―」（博士論文、1999年）。

ゼムパーからフィードラーへ ©

平成二十八年四月 十 日印刷
平成二十八年四月二十五日発行

著者　ゴットフリート・ゼムパー
　　　コンラート・フィードラー

編訳者　河田　智成

発行者　小菅　勉

印刷　理想社
製本　松岳社
用紙　北越紀州製紙株式会社

中央公論美術出版

東京都千代田区神田神保町一-十一-一
電話　〇三-五五七七-四七九七

ISBN978-4-8055-0760-5